Anonymous

Lauretta Pisana Leben einer italienischen Buhlerin

1. Teil

Anonymous

Lauretta Pisana Leben einer italienischen Buhlerin
1. Teil

ISBN/EAN: 9783743471016

Hergestellt in Europa, USA, Kanada, Australien, Japan

Cover: Foto ©ninafisch / pixelio.de

Weitere Bücher finden Sie auf **www.hansebooks.com**

Lauretta Pisana
Leben
einer italienischen Buhlerin.

Aus Rousseaus Schriften und Papieren.
Dramatisch bearbeitet.

Erster Theil.

In diesem Bette mit dem Cardinal gelegen!

Frankfurt und Leipzig,
1792.

Dieses Buch

widmet

allen edlen Seelen,

die den Werth der Tugend kennen, aber auch der Schwachheit verzeihen, und ihr aufhelfen.

empfiehlt

allen geistlichen Herren,

von allen Völkern und Sekten,

die fette Pfründen und müßige Tage zu Wollüstlingen umschaffen, die sich's zum Beruf machen, junge Mädchen aufzuklären, und glauben, die Welt sey nur für sie da.

allen Damen von Stande,

die im Stillen ihre Buhlereyen treiben, und auf arme Geschöpfe, die Noth und Temperament dazu zwingt, mit Verachtung herabsehen; denen sie doch sowohl an Körper als Seele die Schuhriemen aufzulösen nicht werth sind, weil sie Seele und Leib schminken.

allen jungen Herren,

die in der Blüthe ihres Lebens den Syrenen jedes Standes ihre Gesundheit so unbedachtsam opfern, als wäre sie eine taube Nuß; ihren Beutel sich leeren lassen, als wäre er das Oelkrüglein der Wittwe von Sarepta; ihr Mark sich ausziehen lassen, als wär' es eine Wundsalbe für veralteten Wollustreiz —

allen verruchten Bösewichtern,

die er unter die Verdammten, man verstehe auch unter der Verdammniß, was man wolle, zählt, sobald sie fähig sind, für Andre Mädchen zu werben, und die Unschuld zu verführen, ohne selbst zum Genuß für sich zu wirken —

schenkt

allen Buhlerinnen,

des ganzen weiblichen Geschlechts, wes Standes, Namens und Ehren sie auch seyn mögen, die noch liebenswürdig genug sind, zu fühlen, sie möchten von ihrem Verderben zurückkehren, wenn sie könnten —

als einen Beweis

seiner Hochachtung,

als einen Beytrag

zu ihrer Besserung,

als einen Wunsch

für ihr Glück,

der Verfasser.

Vorrede.

Laurettens Geschichte ist aus Rousseau's Schriften und Papieren gezogen, das heißt, ich habe den Grundstoff aus seiner neuen Heloise genommen, in welcher ihrer Erwähnung geschieht. Der Nachtrag derselben, nämlich Eduard Bomston's Begebenheiten, enthalten das meiste. Man versichert aber, daß verschiedene Dinge in diesen Begebenheiten in dem mit der Wahrheit übereinstimmenden Vorfall, den Rousseau benutzt hat, sich anders verhalten hätten. Denn sey wie ihm wolle, habe Rousseau oder die Frau Marschall von Luxemburg die dessen Manuscript in Händen gehabt, dieses verändert, und mögen sie es um der Familie willen, oder aus andern Gründen gethan haben, genug, Laurette wurde nicht von ihren Aeltern an den Kardinal verkauft, sondern auf die schändlichste Art ihnen aus den Händen gespielt, so wie man aus meiner Einleitung sehen wird.

Warum ich die Geschichte dramatisirt habe, darüber will ich etwas zur Vertheidigung anführen, ob ich gleich glaube, eines Schriftstellers Laune bedarf keiner Vertheidigung.

Aber ich finde, daß man dadurch, daß man die Personen redend und zugleich handelnd einführt, in Ansehung des natürlichen Schwungs der Sprache, in Ansehung der Darstellung der Charaktere gewinnt, finde, daß dem Leser Handlung interessanter ist, als Erzählung, und endlich, — ich läugne nicht, daß ich auch hierauf Rücksicht nehme, — finde ich mehr Vergnügen bey dieser Art von Arbeit.

Mangelhaft ist, wo nicht alles, doch so vieles in der Welt, und warum sollte es auch mein Buch

Buch nicht seyn. Mängel desselben bitte ich daher nachsichtvoll zu behandeln, mir sie anzuzeigen, nicht schmähsüchtig, sondern belehrend mich zur Verbesserung derselben aufzufordern. Ich spiele nicht mit dem Rechte des Kritikers, allein ich will auch nicht, daß er mit dem Rechte des Schriftstellers spielen soll. Thut er es, so verachte ich ihn, und lese ihn nicht wieder. Ist er billig, so sage ich, er ist einer der nützlichsten Erdenbewohner. Das heißt gewiß nicht gebeten, daß er mich loben soll.

Ich will einem Einwurfe zuvorkommen, und man mag da mein eignes Geständniß tadeln. Der Uebergang Laurettens von der Tugend zum Laster, wird manchem zu übereilt scheinen. Ich sage hier nur so viel. Es läßt sich viel über diese Materie sagen, es läßt sich eine Auseinandersetzung der kleinsten Nüancen und Gründe, so wie des Ganges dieser Veränderung möglich denken. Aber — ob nicht schleppend und langweilig? Das ist eine andre Frage — und da ich mich nicht

nicht gern überzeugt von einem solchen Fehler dem Publikum Preis gebe, so gestehe ich die Schwäche. Ich vermochte nach meinen jetzigen Kräften das nicht besser auszuführen.

Gehe dann, Laurette, hinaus in die Welt, beßre, was zu bessern, bekehre, was zu bekehren ist! Mach nur deinem Verfasser die Freude, daß er dich gern gelesen, deinem Verleger, daß er dich gern gekauft sieht.

Geschrieben im December 1788.

Einleitung.

Laurette Kampano, eine Edle aus dem Pisani-schen, deren Geschlecht lange geglänzt hatte, war die letzte dieses Stammes. Ihre Aeltern liebten sie unaussprechlich; und sie verdiente nicht weniger diese Liebe. Außer den körperlichen Schönheiten, die die Natur ihr gewährt, hatte sie Geistesgaben, wie man selten sie findet, und die Erziehung, die sie genoß, hatte diese auch auf einen so hohen Grad ausgebildet, daß sie damit glänzen und einnehmen konnte.

Indessen war bey ihrer Erziehung immer ein Hauptfehler vorgegangen, und er bestand darin, daß man sie nicht genug mit Welt und Menschen bekannt gemacht. Ländliche Stille, häusliches Glück, waren ihr in allem Umfange ihrer Reize bekannt; aber daß es außer diesen noch Freuden gebe, die für Körper und Seele Reiz hätten, denen man um der Neuheit und des Temperaments willen nicht widerstehen könnte, das lag außer ihrer Sphäre, und daher kam es, daß in der Folge, durch Konvention und Zufall, diese Dinge so heftig und hinreißend auf sie wirkten.

Hätte Kampano von Jugend auf sie mit diesen Freuden bekannt gemacht, hätt' er ihr nicht bloß ihre schreckliche zu vermeidende Außenseite zu der Zeit geschildert, als sie schon Regungen zum Gegentheil empfand, hätte er wenigstens die Vorsicht gebraucht, sie Menschen verschiedener Gattung kennen zu lehren, anstatt daß er alles Böse und Heuchlerische, was ihn nicht selbst betrog, von ihr entfernte, ganz gewiß wäre Laurette nicht in Schlingen gefallen, die man ihr so künstlich legte.

Kampano war nicht reich. Ein mäßiges Landgut machte sein Vermögen aus. Deswegen lebte er auch eingezogen, und wenn Laurettens Reize nicht

nicht so blendend gewesen wären, so wäre der Ruf vielleicht nie nach Rom gekommen, daß es einen Kampano in Pisa gäbe; denn obgleich er selbst in jüngern Jahren in Rom gewesen, so hatte doch seit seiner Entfernung er jeder Verbindung mit dieser Hauptstadt der Lüste entsagt.

Desto aufmerksamer wurden gewisse Menschen in Rom, die von der schönen Pisanerin hörten. Kein Wunder, da diese Stadt unmöglich der schwelgenden Wollust hinreichende Gegenstände darbieten kann, weil tausend Blumen, die, wenn man, der Menschheit zur Schande, es aussprechen darf, von diesen bezahlbar wären, von Verführern gebrochen werden, die nur den Preis der Vergiftung ihnen für einen so theuern Schatz bezahlen.

Unter der Zahl der feinern, ausgesuchten und vermögenden Wollüstlinge befand sich ein junger, schöner Kardinal. Mit der einnehmendsten Gestalt verband er einen angenehmen Umgang, und kein schlechtes Herz. Man konnte ihm wenig widerrechtliches zur Last legen, und was es ja war, das war Folge von Verwickelungen und Konnerionen, die er nicht vermeiden konnte. Daß man bey dem besten Herzen Temperamentsfehlern unterliegen kann, daß sie zu Lieblingsleidenschaften werden, beweist tägliche Erfahrung jedem, der nur ein wenig

nig in der großen Welt bekannt ist, wo Reiz um so vielfältiger ist, als in andern Ständen.

Der Kardinal hörte eine wunderschöne Pisanerin nennen, und er sandte am nächsten Morgen schon seinen Geschäftsträger in solchen Dingen nach Pisa, um zu sehen, und Bericht abzustatten.

Man schaudre nicht zurück, wenn man hier hören, und dort lesen wird, daß dieses Amt bey seiner Eminenz kein Andrer verwaltete, als einer seines Standes — man wundre sich aber auch nicht, und table nicht die Wahl. Sollte man verlangen, daß unter einer so großen Menge privilegirter Müßiggänger, wie von der Art besonders im Kirchenstaate umhergehen, sich lauter edeldenkende Geschöpfe befänden, die ihrer Pflicht oblägen, ihren Gelübden treu wären, deren Gegenstand Besserung der Menschen, und ihre Sorge Unterdrückung ihrer Leidenschaften seyn könnte, da ihrer so viele blos diesen Stand wählen, um nichts thun zu dürfen? Und hätte der Kardinal nicht dem Layen, dem er es aufgetragen, und wenn er auch mit ihm gleich gedacht hätte, ein Aergerniß seines Standes gegeben, dahingegen der Pfaffe, der mit ihm gleich dachte, ihm nichts vorzuwerfen hätte?

Dies

Diese saubre Menschengestalt war Pater Tinto, der Sohn eines heimlichen Banditen, dem es geglückt war, auf dem Krankenbette zu sterben, der also zwar ehrlich begraben wurde, aber alle Kniffe seines unehrlichen Handwerks auf seinen Sohn nicht allein übergetragen, sondern in ihm zu weit mehrerer Reife gebracht hatte. Auch war seine Herkunft nächst dem pfiffigen Kopfe, eine Haupturfache, warum die Herren, in deren Orden er nachmals trat, auf ihn spekulirten, denn einige von ihnen hatten seinen Vater ein paarmal in Sold gehabt. Sie bildeten hernach den guten Tinto erst ganz, und machten ihn so böse, daß er auf keinen Funken von Naturgüte mehr Anspruch zu machen hatte.

Tinto's Figur war eine der ekelsten, die man nur finden konnte, und so war blos sein Stand fähig, ihm Zutritt zu irgend einem Menschen zu verschaffen, denn ohne diesen würde man ihn, wie eine Pest für's menschliche Geschlecht, die er auch war, vermieden haben.

Der Kardinal hatte nicht ohne Ursache Vorliebe für Geschäftsträger dieser Art. Er kannte die Macht der Wolluft, und so war er um so sicherer, keinen Vorgänger darin zu haben, je ekler der Gegenstand war, der für ihn auf Werbung ging.

So sehr Tinto hingegen beym ersten Anblick gegen sich einnahm, so gut wurde man ihm, wenn man mit ihm bekannt wurde. Er war der angenehmste Gesellschafter, und der verschmitzteste Heuchler. Er wußte Rechtschaffenheit ohne Gränzen zu lügen; sein durchdringender Verstand spähete bis in die Tiefen menschlicher Schwächen, und machte jede sich zu nutze, um jedermann die Wage halten zu können. Er hatte sich durch diese Eigenschaften schon vielfältig furchtbar gemacht, und nicht blos Rom kannte ihn, sondern auch in den umliegenden Gegenden pries man Tinto's Rechtschaffenheit, um nicht in seine Hände zu fallen. Die Guten glaubten an ihn, und die Bösen scheueten sich wohl, diese aus dem Irrthum zu bringen, weil sie ihn selbst gegen sie benutzen konnten.

Mit Eigenschaften und Hoffnungen der Art ausgerüstet kam Tinto in Pisa an, und bekam, so wie in andern Häusern, auch in Kampano's Hause Zutritt. Geistlicher Zuspruch war dort immer willkommen, weil Gabriele, Laurettens Mutter, ein wenig am Aberglauben hing, und mit ihrer Denkungsart nahe an Bigotterie gränzte. So wie Tinto seine Rolle spielte, schmeichelte er sich bey allen ein. Gegen Gabrielen machte er den Heiligen, gegen Kampano den tugendhaften Rechtschaffenen

fenen, und gegen Lauretten spielte er den belehrenden Vater. Liebe von allen Seiten war sein Lohn. Er wurde so beliebt, daß man keinen Tag ohne ihn zubringen konnte, und die Freude wandelte sich in stumme Trübheit, wenn Tinto Pisa auf einige Tage verlassen mußte. Diese Vorbereitung gehörte dazu, um den teuflischen Vorsatz, den er hatte, auszuführen.

Laurettens Tugend sollte untergraben, und sie dem Kardinal zugeführt werden. Schlüpfrige Grundsätze ihr beyzubringen, war unter den Augen der Aeltern unmöglich. Gegen Rom war Kampano so eingenommen, wie gegen alles, was Höhe im geistlichen Stande hatte; und trotz Tinto's Betheurungen und dem Zutrauen, welches man übrigens in ihn setzte, war er doch nicht im Stande, eine Achtung gegen den Kardinal zuwege zu bringen. Glück genug, daß er das Vorurtheil noch ausrottete, welches man aus den Relationen aus Rom gegen ihn hatte.

Ein zweiter Vortheil, der dazu beytrug, daß er nicht entlarvt wurde, war, daß Gabriele eine Freundin vornehmer Leute im Herzen war, nur vor ihrem Manne durfte sie diese Leidenschaft zur großen Welt nicht blicken lassen. Sie hatte bey verschiedenen Gelegenheiten Tinto's Kälte gegen gewisse geistliche Dinge bemerkt, und einen Schluß auf Heuchelei gemacht, der ihn bey ihr zu Grunde gerichtet haben würde, wenn nicht die Vorspiegelungen von des Kardinals Güte, und dem Einflusse, den er bey ihm hätte, ihr Ideen in den Kopf gebracht, die sie zwar sich gar nicht aus einiander setzen konnte, die aber doch ihr Freude verursachten, und dadurch ihn sicherten, daß sie ihn bey Kampano und Lauretten nicht verkleinerte.

Man wundere sich nicht, daß Bigotterie und Liebe zur großen Welt bey einander stehen können. Sie reimen sich so gut zusammen, daß selbst Wollüstlinge sich einbilden können, die frömmsten Menschen zu seyn, und besonders in einer Religion, wo auf das Aeußere so viel Rüksicht genommen wird, wo man das Wesentliche so sehr vernachläßigt, und mit Beten und Almosen Sünden abkaufen kann.

So wenig Tinto aber fest auf Gabrielen bauen konnte, um so fester war er bey Kampano. Dieser biedre Mann, dem jeder Mensch so lange ein Engel schien, bis er ihn als Teufel erkannt hatte, war von den Talenten, von dem Verstande, von den Wissenschaften Tinto's so durchdrungen, war so sehr Verehrer seiner erlogenen Tugend, seiner gespielten Sanftmuth, daß er auch nicht einmal eher einen Verdacht in ihn setzte, als bis der größte Schatz

Schatz seines Lebens von ihm getrennt war, den er ihm anvertraute, und dann erst wähnte ihn verloren zu haben, da er es schon unwiederbringlich war.

Lauretten war er so zu sagen alles in allem geworden. Sie betrachtete ihn wie einen zweiten Vater, ja, da der ihrige zuweilen ein wenig auffahrend und hitzig war, so war dieser sanftmüthige, nachgebende, ihr fast lieber geworden. Zu ihrem Vertrauten hatte sie ihn wenigstens gänzlich erkohren, doch half, so sehr er anfangs darnach getrachtet hatte, dieses Vertrauen ihm hernach nicht viel, weil er immer mehr eingewurzelte Vorurtheile, wie er sie nannte, gegen seine Denkungsart bey ihr fand. Dies verursachte auch jenen ganzen Plan, den er so reif werden ließ, und wodurch er Elend über das ganze Haus brachte. Er hatte vorher einige Versuche gemacht, ob er nicht Wanken in ihre Grundsätze zu bringen vermöchte: er hatte seine, sehr feine Gewebe der Sinnlichkeit in ihre Seele getragen. Er fand diese ihr nicht ganz unwillkommen, und dadurch Möglichkeit für sein Unternehmen: allein er fand gar keine Aussicht, sie zu bewegen, daß sie einen wirklichen Fortschritt ohne der Aeltern Einwilligung machte. Er strich also zu rechter Zeit die Segel wieder, sprach gar nicht mehr davon, und überließ nun ihr selbst, nachzudenken, was die Regungen wohl eigentlich seyn möchten, die er in ihr aufgeweckt, die sie aber ganz aus sich selbst entstanden glaubte.

Er ging also an das Werk seines Teufelsplans — ließ seinen Bruder Saldezzino kommen, gab einem andern aufgelesenen Kerl den Namen Benvoglio, versahe diesen mit falschen Urkunden von Venedig, zog die Gebrüder Kapri, ein Handelshaus in Pisa, in sein Interesse, und brachte den guten Kampano auf einmal gänzlich an den Bettelstab.

Dem alten Kampano war Tinto's Theilnehmung so schmerzhaft, als sein eignes Leiden, und Laurette sah in ihm den einzigen Schutz, der ihr übrig blieb. Gabriele war mistrauisch genug, ihn verwickelt zu glauben, aber durch den Kardinal trübte er das Licht, das sie sahe. Sie ließ sich vom Schein hintergehen, und dämpfte einen gerechten Argwohn.

Dies ist der Zeitpunkt, in dem meine dramatische Arbeit sich anhebt, und den Leser nun in den Stand setzen wird, den Verfolg der Geschichte zu beurtheilen.

———————————

Lau-

Lauretta Pisana.

Erster Theil.

Handelnde Personen.

Der Kardinal. Junger, voller, blühender Mann. Gefühl, das aber misgestimmt ist. Anlage zu allem Guten. Verderb durch Konventionen und Stand.

Pater Tinto. Verschmitzter Pfaff, zu allem aufgelegt, eigennützig, rachgierig, voll Leidenschaft, wo ihn Geiz nicht bindet, ganz ihrer Herr, wenn der ins Spiel kommt.

Mylord Eduard. Britte im ganzen Umfange der guten Seite. Edel, großmüthig, tugendhaft.

Der Fürst. Jung, leichtsinnig. Fast ganz ohne Charakter.

Kampano. Alter blödrer Vater.

Amorso, Kampano's Verwalter. Ehrlicher Kerl, treu und dienstfertig.

Saldezzino, Tinto's Bruder. Dumm zur Unbegreiflichkeit.

Der Herzog, Liebhaber der Gräfin Medina. Im Mittelalter äußerst wollüstig, aber halb abgestumpft. Immer viel wünschend, nie es ausführend.

Pansato. Reicher Edelmann, der sich aus der Stadt zurückgezogen.

Sarko, Kammerdiener der Markise.

Verschiedene Bediente.

Zwey Schatten.

Ein verkleideter Teufel.

Lauretta Pisana, Kampano's Tochter. Bild einer Schönheit, voll Temperament, tugendhaft erzogen, aber zu allem biegsam.

Gabriele, ihre Mutter. Frau voll Frömmigkeit bis zur Bigotterie. Gute Mutter.

Die Markise, Eduards erklärte Geliebte. Fein, verschlagen, voll Geist und Talent, alles aber zum Bösen anwendend.

Antonette, ihr Kammermädchen.

Gräfin Medina. Boshaft und trugvoll in jedem Verstande. Erzkokette auf der schlimmsten Seite, alles ihren Begierden opfernd.

Pisa.

Kampano's Wohnung.

Kampano. Gabriele. Tinto. Hernach Lauretta.

Kampano.

Alles dahin! Nichts mehr übrig von dem ganzen Vermögen! Was sag ich? O das Geld ist das wenigste. Nichts mehr übrig von dem seltnen Glück der Zufriedenheit, von der Ruhe der Seelen, von dem Frieden, der unter uns wohnte.

Gabriele. Das ist schrecklich, Kampano. Nichts könntest du retten?

Kampano. Nichts. All' unsre Freuden sind dahin. Wenn der Frühling den reichen Schoos seiner mannichfaltigen Entzückungen öffnet, so werden wir nicht mehr sagen: Dies gab er uns!

Kein Blümchen, die uns so reichlich blüheten, wird mehr für uns blühen; keine Früchte, die wir selbst gezogen, werden uns erquicken. Ein Bösewicht genießt, was wir genossen — und wir — hungern — oder betteln —

Gabriele. Fürchterliche Aussicht! Tinto — was sagt Ihnen Ihr Herz?

Kampano. Laß ihn, und frage das Schicksal. Er menschenfreundlich — ich menschenfreundlich. Fehlten wir etwa?

Tinto. Signora! ich wimmere mit Ihnen. Mein Herz beugt sich unter der Last, die es drückt. Aber werfen Sie immer noch den größten Theil der Ihrigen mit auf mich. Ich muß tragen, denn ich habe nichts verloren.

Kampano. Vergeben Sie ihr, Tinto. So sehr mein Unglück in meinem Herzen brennend wühlt, so kann ich doch nicht ungerecht seyn.

Tinto. Glauben Sie, daß es mich minder brennt? Kein Geschäft, bey dem ich zugegen war, bey dem ich Hand anlegte, ging noch unglücklich, und eben dieses — wo es alles so wohl angewandt schien, wo eben das ganze Vermögen eines Rechtschaffenen aufs Spiel kommen mußte, eben dieses geht zu Grunde, und mit ihm eine so seltne häusliche Ruhe, eine so friedliche Familie — Gott! Lauretta!

(Lauretta tritt ein und küßt allen die Hand.)

Kampano. Sehen Sie, Tinto, wenn nur diese nicht wäre. So schuldlos, so einfältig, ach! erzogen, um nie mit Bedürfnissen bekannt zu werden. Wenn ich sie ansehe, Tinto, dann fährt's hoch auf in meiner Brust, dann schlägt es wider die Wände, die es umklammern, dieses Herz, dann treibt's all mein Blut zu Kopfe, und regt da oben alles zum Morde auf.

Lauretta. Vater! Sie erschrecken mich. Ich sahe Sie noch nie in dieser Laune. Ihre Laura lernte mancherley, womit sie die Last des Lebens Ihnen erleichtern könnte. Ueberdem, sagt Tinto, der Kardinal —

Gabriele. Richtig! Der Kardinal. Du bist ein gutes Kind, Laura, wir hätten ihn vergessen. Auf, Kampano, geh zum Kardinal. Tinto wird dich begleiten. Er ist Seiner Eminenz Busenfreund, was er ihm sagt, darauf hat er Acht.

Lauretta. (bittend zu Gabrielen.) Er soll gehen, Mutter?

Kampano. Und wer sonst, Mädchen? Ich will nicht hoffen —

Gabriele. Laß sie doch ausreden, Kampano. Immer fährst du sie an, sie ist ja der einzige Schaz, den wir jezt haben.

Kampano. So sprich, Laurette!

Lauretta. Darf ich reden, Vater — alles sagen, was ich denke? Wollen Sie nicht böse seyn?

Kampano. Laura! War ich schon ernstlich böse auf dich? Zürnte ich ja, wars dann nicht zu deinem Besten? Rede, Mädchen, rein vom Herzen weg, nur zerbrich mir das meinige nicht.

Lauretta. Wie sollte ich das können, mein Vater? Hören Sie mich. Sie wollen zum Kardinal. Sie sind beleidigt, zu Grunde gerichtet. Sie haben bitteres Gefühl darüber im Herzen. Bey dem Gefühl kann man nicht bitten. Man erzählt, schildert sein Leiden, spricht von gerechter Rache, die immer im Busen kocht, und ein Kardinal, ein Mann, der an Vergeben gewohnt ist, der heiliger denkt als wir, nimmt das anders als Sie es denken, schließt falsch auf Ihren Charakter, sagt Ihnen vielleicht ein Wort, das Sie prüfen soll. Dies macht Sie im Gegentheil hitzig. Sie vergessen sich, unsre ganze Hofnung ist dahin.

Gabriele. Wahrhaftig, sie hat Recht. Nicht wahr, Tinto?

Tinto. Was soll ich sagen? Sie spricht wie ein Engel. Wer kann ihr widerstehen?

Lauretta. Aber, Vater, wenn ich bitte, so bitte ich für Eltern. O da kann man so hinreißend bitten, daß das härteste Herz erweicht wird. Da mischt man soviel Sanftes in seine Bitten, daß der rauheste Mann mild wird, soviel Wärme, daß Eis sich zur Hitze umschafft. Lassen Sie mich gehen und bitten.

Kampano. Was ich fürchtete — Du nach Rom — du Laura! sollt' ich mir das denken können, daß ich dich in diesem Webeplatze aller Laster sehen würde? Lauretta, er ist sehr schwer, der Schritt von deiner Tugend zum Laster, aber ist er gethan, dann ist's bis zur gemeinen Buhlerin auch kaum eines Strohhalms weiter.

Tinto. Vater! Warum das einer solchen Tochter?

Kampano. Doch! doch! Tinto. Sie hört es nur einmal von mir. Und ich hoffe, einmal so gehört, soll es haften. Ja, Laura, du sollst reisen, aber ich gehe mit. Ich wollte nicht wieder nach Rom. Nun gehe ich.

Tinto. Nein! Kampano, das geht nicht. Sie allein, oder Lauretta allein. Sollte Kampano sich das Ansehen geben wollen, als ob er die schöne Tochter schickte, da er selbst kommen kann? Ist er da, so fällt jede Entschuldigung weg.

Kampano. Und wenn er in Pisa bleibt, fällt sie so ganz weg?

Tinto. Das zu entscheiden, kömmt nicht mir zu.

Gabriele. O über euch Männer! mit euren Bedenklichkeiten! Du kannst nicht zum Kardinal, also bist du auch in Rom nichts nutz. Tausend Entschuldigungen fallen da für eine. Laß den Schreck über dieses Unglück die erste und die letzte seyn.

Kampano. Muß ich nicht nachgeben? Tinto. Da haben Sie sie. (Er führt Lauretten zu ihm) Der Himmel hatte einst ein Wohlgefallen an mir. Er gab mir diesen Schatz. Gerade in dem Zeitpunkte, wo ich ihn erhielt, bekam ich mein Gut und meinen ganzen häuslichen Frieden. Du weißt's, Gabriele, von welchen Plagegeistern der Himmel mich da befreyete. Das war der Augenblick, wo ein Glück mich anlächelte, was Dauer von Ewigkeit mir zuzunicken schien. Die falsche Seite blieb siebzehn Jahr versteckt. Jetzt zeigt es sie. Ein Augenblick hob mich — einer macht mich sinken. Das Gut und der Friede sind dahin. Diese hab' ich ja noch. Lauretta! Laura! noch hab' ich dich. Aber du mußt fort, sonst hätt' ich ja nicht alles verloren. Ich sehe wohl — es muß alles hingehen.

Lauretta. Vater, ich komme ja wieder.

Tinto

Tinto. Und, Kampano, Sie vertrauen sie ja mir an.

Kampano. Ja, Ihnen, Tinto, vertraue ich sie an. Das wollte ich Ihnen noch sagen. Sie blüht, das sehen Sie. Sie kann sinken, wir alle sind dem Zufall unterworfen. Raubt sie der, so fordere ich sie nicht von Ihnen. Rafft sie der Tod dahin, so werde ich sagen: Tinto, das war mir beschieden — Aber wird ein Bösewicht ihr Räuber, entfärbt sie ein giftiger Hauch Roms, kömmt ihr irgend, merken Sie sich das wohl, unter der Larve der Heiligkeit einer der vielen zu nahe, die diese Blumen suchen; dann Tinto, mit Höllenfeuer ängstige ich sie von Ihrer Seele, und kann ich's nicht, so trage ich's dem über uns auf, daß er Sie suche, und tausendfach so verderbe, wie Sie sie verdorben — Vergeben Sie das dem Vater. Laura, leb' wohl!

(Er küßt sie und geht ab.)

Lauretta. (weinend) Jezt können nur Thränen dir diese Liebe vergelten, aber bald, hoffe ich, soll es Wirklichkeit. Adieu, Mutter. Kommen Sie, Tinto; die erste Minute unserer Rückkehr ist die erste seiner erneuerten Seligkeit.

Rom.

Rom.

Palast des Kardinals. Vorzimmer.

Kardinal. Pater Tinto.

Kardinal.

In einer Stunde, sagen Sie, wird sie hier seyn, und mich bitten.

Tinto. Ew. Eminenz können sich darauf verlassen. Sie sagte mir es selbst.

Kardinal. Sie selbst? Und ist wirklich noch ein so unschuldiges Kind.

Tinto. Wirklich so unschuldig, wie sie aus Mutterleibe gekommen. Erziehung, Rechtschaffenheit der Aeltern —

Kardinal. Bigotterie wollen Sie sagen —

Tinto. Bigotterie der Aeltern, wollt' ich sagen, haben dazu das ihrige beygetragen.

Kardinal. Wahrhaftig eine Seltenheit in ihrer Art. Tinto, Sie haben mich in eine ausnehnehmende Freude verseʒt. Ich werde Sie belohnen. Aber Sie haben mir noch nicht eigentlich gesagt, wie Sie die ganze Sache angefangen, und was Sie mir darüber geschrieben, ist wegen meiner überhäuften Geschäfte mir größtentheils wieder entfallen. Ich wüßte keine angenehmere Unterhaltung bis zu Laurettens Ankunft, als wenn Sie mich von der Art der gemachten Prise unterhielten.

Tinto. Ew. Eminenz befehlen nur. Wie Sie die Gnade hatten mir aufzutragen, ich sollte die schöne Pisanerin für Dero Rechnung in Augenschein nehmen, so machte ich mich auf den Weg dahin. Unser einem dürfen die Häuser nicht versperrt werden, und ich ward freundlich bey Laurettens Aeltern aufgenommen.

Ich sahe Lauretten, und wurde beym ersten Anblick gewahr, daß nicht leicht Ew. Eminenz mit einer bessern Waare versorgt worden wären. Wie ich sie gesprochen, war ich nicht weniger überzeugt, Ew. Eminenz würden mit der lieben Einfalt nicht gar zu lange zu kapituliren brauchen.

Kardinal. Sie schrieben mir aber von Hindernissen —

Tinto. Ganz richtig, die ich in vollem Maaße fand, als ich bey den Aeltern wegen der Bestimmung

mung Laurettens auf den Strauch schlug. Ich ließ von den Vorzügen des lieben Geschöpfs, von der Bildung, von der Sittsamkeit verschiedenes fallen, und bemerkte, daß in Rom dergleichen äußerst selten, und man wie ein halbes Wunder betrachtet werden könnte.

Die schlaue Antwort des Vaters hierauf war: man würde in Rom nur nicht lange dieses Wunder bleiben. Verderbniß der Sitten sey ein zu ansteckendes Uebel. Der unüberlegte Mann ließ sich sogar so weit verblenden, daß er nicht unebne Anspielungen auf die Lebensart der Geistlichen, besonders der Großen, und auf ihre Geschicklichkeit in Verführung junger Mädchen machte.

Kardinal. So? — Wer ist doch der Mann eigentlich? Es ist mir so im Traume —

Tinto. Landedelmann, Ew. Eminenz, der sich aber mehr in Pisa aufhält, so eben recht gemächlich von den Einkünften seines Gutes lebte —

Kardinal. (lachend.) Daß Sie ihm so trefflich aus den Händen gespielt — Glück zu, Pater Tinto!

Tinto. (betroffen.) Ich, Ew. Eminenz? —

Kardinal. Vor mir brauchen Sie den Geheimnißvollen nicht zu machen. Ich kenne Ihren Geschäftsträger —

Tinto.

Tinto. So kann ich's wohl übergehen, wie ich den Alten an den Bettelstab brachte —

Kardinal. Springen Sie darüber weg. Solche Episoden sind nicht angenehm. Mir liegt daran, wie Sie den heutigen Auftritt vorbereiteten. Wie brachten Sie mich ins Spiel? Wer gab zuerst nach? Vater, Mutter, oder Mädchen?

Tinto. In Ansehung des Besuchs bey Ihnen, Lauretta selbst. Sie bauete sehr viel auf ihre Kunst zu bitten. Sie werden sehen, Kardinal, daß sie schön bitten kann. Aber wie ich Ew. Eminenz ins Spiel brachte, da doch ein gewisser Ruf —

Kardinal. O, Tinto! ich weiß, Sie sind Meister in dergleichen. Sie widersprachen dem —

Tinto. Nichts weniger, Ihro Eminenz.

Kardinal. Nichts weniger? Wie soll ich das verstehen?

Tinto. Hätte ich dem Rufe widersprochen, ich hätte mich gleich verrathen. Meine Charte hätte gerade die angelegte geschienen. Ich hätte mein Zutrauen verloren, und hätte es nicht wagen dürfen, Ew. Eminenz als Mittelsmann vorzuschlagen. So sagte ich, man könne nicht wissen, was der Ruf Wahres und Falsches verbreite. Die tausendzüngige Fama hat auf der Hälfte ih-

rer

rer Zungen Honig, auf der andern Hälfte Gift. Ich hätte Handlungen von Ihnen gesehen, denen man nicht den entferntesten Schein von Eigennutz selbst bey Damen von medizeischer Schönheit beylegen können. Ich glaubte wohl, daß Sie mit Fleisch und Blut zu kämpfen hätten, wie jeder, der das närrische Gelübde der Keuschheit ablegen müßte, ich wäre fast überzeugt, daß Sie wie jeder Adamssohn Schwachheiten hierin untergelegen. Allein, daß dieses sich bis auf Begierde beym ersten Anblick, bis auf Verführung der Unschuld erstrecke, das könne ich dreist ableugnen, weil ich Proben des Gegentheils gesehen. Der Ruf, setzte ich hinzu, den man über Ew. Eminenz sich entschlüpfen läßt, rührt wohl von der Menge zweydeutiger Damen her, die ein Recht an die Herren dieses Standes zu haben glauben, und nicht kalt vor Ew. Eminenz schöner Person vorübergehen.

Kardinal. War Laurette bey diesem Gespräch gegenwärtig?

Tinto. Da hätt' ich's nicht wagen dürfen, manche Dinge dieser Unterredung vorzubringen. Aber was den letzten Punkt betrifft, so habe ich nichts versäumt. Ew. Eminenz stehen im Sinn des Mädchens wie ein Göttersohn voriger Zeiten, und da ich überzeugt war, daß die Wirklichkeit der

Er-

Erwartung entsprechen würde, so hat die Schilderung keinen Strich der einleuchtenden Wahrheit übergangen.

Kardinal. Ich bleibe meine Erkenntlichkeit schuldig, Tinto, und in welcher Zeit —

Tinto. Ich diese Idee werden ließ? Natürlich in der Zeit, wo noch von keinem Unglück die Rede war, wo man gar nicht denken konnte, daß man Ew. Eminenz Hülfe je bedürfen würde, wo es allgemein über die Großen herging, und hin und wieder selbst ein Wörtchen vom heiligen Vater verstohlnerweise sich einschlich. Gäb' es noch Inquisition, zehnmal an einem Abend hätt' ich Gelegenheit gehabt, die Familie in die Keller derselben zu bringen.

Kardinal. Wie können Sie nur daran denken, Tinto? Das sind Wege für alte Wollüstlinge, die kein Blut mehr in ihren Wangen haben, die blos wie der Tod jedes blühende Mädchen verscheuchen, die durch solche teuflische Mittel siegen, um zu verderben, nicht um zu genießen. Ihre Einbildungskraft spielt den markleeren Schächern Freuden unendlicher Wollust vor, und ehe sie zum Zweck kommen, sind sie schon erschöpft. Was können solche Schlachtopfer mit fühlen, und was ist Genuß ohne Mitgefühl?

Tinto. Wie herrlich Ew. Eminenz das alles definiren! Indessen hat es doch vollwangige Inquisitoren gegeben, denen die Backen von Röthe hätten platzen mögen, und die ins Centrum ihres Ichs so stark hineinarbeiteten, daß es unmöglich an Reiz zum Wiedergeben fehlen konnte.

Kardinal. Denen es aber auch nur ums Wiedergeben zu thun war, und die blos, weil sie es so haben konnten, neue Gegenstände nahmen. Einem trunknen Augenblicke opferten sie oft eine Rose, die, weiß wie die Unschuld, erst mit dem Blute einiger Verwandten gefärbt werden mußte, ehe sie sie brechen konnten, und die sie, so viehisch gebrochen, ihrem ganzen Elend überließen. Wer den Zeitpunkt gewußt hätte, hätte ganz dreist eine der alten Vetteln, die in den Inquisitionskellern aufwarteten, ihnen unterschieben können, und sie hätten sich nicht minder schön daran erbauet. Wir, Tinto, verstehen das Ding besser. Wir genießen das eine mäßig, um das andere in desto größerm Maaße zu fühlen. Wie sollte ich's nur denken können, daß Laurette, so schön ich sie mir vorstelle, mir noch schön seyn würde, wenn sie bange Tage hindurch eingesperrt sich die Augen roth geweint, und zitternd zu mir hereinträte. Dagegen stellen Sie sich in den Wirkungskreis meines Plans. Das Mädchen wird mich beschämt ansehen,

hen, und bald wird meine Güte sie die Augen aufschlagen, und mir freundlich ins Gesicht sehen lassen. Ein Spiegel vom Glück ihrer Aeltern wird den ersten Keim der Liebe zu mir in sie legen. Mein Stand wird sie glauben machen, sie handle recht, wenn sie meinen Begriffen mehr zutraut, als den ihrigen. Wenn sie schon sehr weit hinein schuldig ist, muß sie noch glauben, sie sey unschuldig — oder wahr gesprochen, muß es noch seyn, denn die Unschuld eines Mädchens ist doch wohl nur Chimäre, eine Wachslarve, die bey der einen im zwölften, bey der andern im vierzehnten, bey der dritten im achtzehnten Jahre von der annähernden Hitze zerschmilzt. Dieser ließ man noch keinen Strahl zu nahe kommen, aber dafür wirkt auch der erste desto stärker, weil innere Reife gegenwirkt.

Tinto. Ich wüßte mich nicht zu entsinnen, daß ich einen so tiefen Denker über diese Materie gehört hätte. Schade, daß Laurettens Vater dem Kommentar keinen Glauben beymessen würde.

Kardinal. Das wäre mir nicht einmal lieb, Tinto. Mädchen kaufen, das kann jeder meines gleichen. Vater, Mutter und Tochter in seine Börse verliebt machen, das fällt den Kardinälen nicht so schwer. Aber eine Lauretta, immer so sie genommen, wie Sie sie schildern, in sich verliebt machen, da möcht' ich wohl das ganze Korpus zu einer Wette einladen.

(Es wird geklingelt.)

Sie wird kommen, ich will mich einen Augenblick entfernen. Empfangen Sie sie.

(ab.)

Lauretta. Tinto.

Lauretta. Ich dank' Ihnen, Tinto, daß Sie hier sind. Fast hab' ich den Muth verloren; nur Ihre Gegenwart konnte ihn wieder beleben.

Tinto. Schüchterne Taube! Was fürchten Sie? Sie haben mit keinem brummenden Alten zu thun. Sie werden einen jungen, schönen, freundlichen Mann sehen.

Lauretta. Eben das ist's, was jedesmal mich zusammenfahren läßt. Wär' er ein ehrwürdiger Greis, Tinto, ich könnte so mit ihm sprechen, wie ich mit meinem Vater rede. Naturgefühle würden von meinen Lippen strömen. Kindlich könnte ich seine Hände küssen, seine Knie umfassen; eine Tochter braucht ihre Worte gegen den, den sie als Vater betrachtet, nicht auf die Waage zu legen. Aber der schöne junge Mann —

Tinto. Wird doch nicht beym ersten Anblick so sehr auf Ihr Herz wirken, daß Verlegenheit —

Lau-

Lauretta. Spott, Tinto, hab' ich nicht verdient. In der Lage, in der ich bin, ist ein solcher Gedanke schon grausam —

Tinto. Sollt's auch nicht seyn, Spott — Ich wollte Ihre Gedanken nur von dem Gegenstande abbringen, der Sie so trübe macht.

Lauretta. Auch das sollten Sie nicht thun. Je trüber ich erscheine, desto besser ist's. Die Idee schon macht mich zittern, daß der Kardinal denken könnte, irgend eine andere Absicht brächte mich zu ihm. Wenn ich seine Hand küßte, und küßte sie zu feurig, wenn ich seine Knie umfasse, und zu warm sie drücke, wenn mein bittendes Auge aufblickt, und ein solcher Blick schiene ihm — O Tinto! warum haben Sie mich mit dem bekannt gemacht, was man in Rom denkt? Vater! Warum hast du mir die Gefahr so groß geschildert? Gewiß, Tinto, ohne Sie hätt' ich nicht gewußt, der Kardinal könne schön seyn, ohne meinen Vater nie, er könne mir gefährlich werden.

(Die Flügelthüren springen auf, der Kardinal tritt ein.)

Kardinal. So warm, gutes Kind! Gewiß war die Rede von Ihrem Vater?

Lauretta. (wirft sich vor ihm nieder, und küßt ihm mit äußerster Inbrunst die Hand.) Von meinem Vater, Ew. Eminenz, von dem unglücklichen, niederhergebeugten, den schreckliches Unrecht aus der friedlichen Lage riß, und in eine Hölle von Leiden warf. Ein Bösewicht, schwärzer als Finsterniß, kälter als Frost, gieriger nach Raube, als der Tyger nach Blut, (bey diesen Worten lächelt der Kardinal Tinto an) hat den besten aller Väter um Vermögen und Erdenseligkeit gebracht. Man sagt mir, Ew. Eminenz könnten ihm beides wiedergeben. Wollten Sie es nicht? Könnten Sie taub bey den Bitten einer Tochter seyn, die in diesen Vater ihre ganze Glückseligkeit sezt.

Kardinal. Stehen Sie auf, liebes Kind. Ich bin nicht der heilige Vater, daß Sie vor mir zu knien brauchten. Ich bin ein Mensch, wie Sie. Sie können mir Ihre Noth klagen, ohne sich vor mir zu demüthigen. Sie sind eine edle Pisanerin. Ihr Vater hat Ansprüche auf die Theilnehmung eines jeden unter uns; wie sollte er es nicht auf alles haben, was ich für ihn thun kann?

(Er hat Lauretten aufgehoben, und führt sie zu einem Sopha.)

Setzen Sie sich; ich bin von Ihrem Anliegen, ich bin von der Lage Ihrer Aeltern unterrichtet. Ich lasse mich nicht gern viel bitten, wo ich helfen kann. Ich habe meinem Cassirer befohlen, dem Pater Tinto tausend Dukaten für Ihren Va-

ter

ter einzuhändigen, damit er den Prozeß gegen den Benvoglio anhängig machen kann. Er muß dort arbeiten, wir hier. Tinto, Sie werden sich morgen gleich wieder auf den Weg machen, das Geld und einen Brief von mir zu überbringen.

Tinto. Aufs pünktlichste, Ew. Eminenz, wird alles besorgt werden.

Lauretta. (ängstlich) Darf ich noch eine Bitte wagen?

Kardinal. Wünschen Sie nur, Kind. Bitten ist hier in der That überflüssig.

Lauretta. Wie wonnevoll würd' es für mich seyn, meinem Vater selbst diesen Brief zu überbringen, ihm zu sagen, wie gütig Ew. Eminenz mich aufnahmen, wie ein Engel des Himmels aus Ihren Augen sogleich Seligkeit auf mich herabgoß!

Kardinal. Sie legen mir zu viel bey, edles Mädchen. Gewiß, ich fasse es, wie wonnevoll der Auftritt für Sie seyn müßte: und ich weiß nicht, was ich dafür anwendete, wenn ich ihn erfüllen könnte. Aber sehn Sie, ich habe schon Sr. Heiligkeit Eröffnung von der Sache gemacht, und er hat sich's merken lassen, er werde selbst Ihren Besuch verlangen. Ich sehe nicht gut ein, wie ich mich herausreden will, wenn er schicken sollte, und die Verlegenheit, in die Sie mich sezten —

Lauretta. Das wollte ich nicht, Ew. Eminenz. Ich muß tausendmal um Verzeihung bitten, daß ich so dreist war; aber um des kindlichen Gehorsams willen, noch eine Frage —

Kardinal. So viel Sie wollen, Kind. Ihre Offenherzigkeit macht mir viel Vergnügen, nur bedaure ich, daß Sie dabey so ängstlich sind —

Lauretta. Mein Vater hat mich der besondern Aufsicht des Pater Tinto anvertraut. Könnten Ew. Eminenz nicht —

Kardinal. Einen andern schicken? Das könnte ich wohl. Aber keinen so vertrauten. Keinen, der nicht irgend etwas in der Sache verderben könnte. Dem Uebel aber, Kind, wollen wir auf andre Art abhelfen. Die besondre Aufsicht übernehme ich, und damit Sie nicht etwa durch Nachrede übelgesinnter Menschen litten, so soll Pater Tinto Sie diesen Nachmittag zu meiner Schwester, der Gräfin Medina, begleiten. Sie werden eine gute Frau an ihr finden, und sie wird suchen, Ihnen Rom angenehm zu machen. Mich rufen itzt Geschäfte. Verzeihen Sie also.

(Lauretta will ihm die Hand küssen, er zieht sie zurück, und geht ab.)

Lauretta. Noch kann ich nicht zu mir selbst kommen.

Tinto.

Tinto. Und ich stehe so erstaunt da, daß ich kaum weiß, was ich denken soll.

Lauretta. Wie so, Tinto? Ist Ihnen etwas aufgefallen? Ist nicht alles so, wie es seyn sollte? Der Kardinal ging doch nicht ungehalten weg? Wie?

Tinto. Wie kommen Sie auf das? Nein; über seine Güte, über seine Herablassung, über die edle, uneigennützige Milde bin ich erstaunt. So hab' ich ihn noch nie gesehen.

Lauretta. Da haben Sie in der That Recht, Pater. Glauben Sie mir, ich würde auch außer den Gränzen froh seyn, wenn nicht mein Hierbleiben mich niedergeschlagen machte. O Tinto, wie wird mein Vater sich grämen, wenn ich nicht mitkomme! Wie schwarz werden seine Vorstellungen von dem seyn, was mir hier bevorsteht! Er hat den Kardinal nicht gesehen. Er kann nicht wissen, wie liebreich, wie gütig er ist. Er macht sich Bilder — Tinto, wenn ich heimlich, schnell, pfeilschnell hin und her flöge, daß er mich wenigstens sähe, nur auf eine Stunde, eine Minute, einen Blick, wenn's nicht anders wäre.

Tinto. Ich überlasse das Ihrem Gefühl, Fräulein. Aber ich gebe Ihnen nur zu bedenken, wenn Seine Heiligkeit schickten; Sie wären nicht da; der Kardinal fände sein Zutrauen hintergangen;

gen; er ist Mensch, kann seine Hand abziehen! der Erfolg, daß —

Lauretta. Nicht weiter, nicht weiter, Tinto. Ich sehe, es geht nicht. O ich Unglückliche!

Tinto. Ungenügsame, wollen Sie sagen. Sie verlangen alles auf einmal.

Lauretta. Gab ich mir dieses ungestüme Gefühl für Kampano? Können Sie dem nichts zu gut halten?

Tinto. Alles, Lauretta, aber Sie können ganz ruhig seyn. Der Brief des Kardinals — meine persönliche Versicherung — ein Brief von Ihnen —

Lauretta. Ja, ein Brief von mir. Warten Sie aber, bis ich die Gräfin gesehen. Wenn sie des Kardinals Güte, seine Tugenden besitzt, o dann kann ich mich von zwey Seiten meinem Vater so sicher schildern. Das wird seinem Herzen Trost geben.

Tinto. Und nun nehmen Sie die unerwartete Freude dazu, daß seine Sache in so guten Händen ist, die so nahe Hoffnung, sein Gut wieder zu erlangen. — Und einsehen muß er's ja, daß Sr. Heiligkeit Wort etwas gilt, daß man da nicht widersprechen kann. Sehen Sie nun bald alles ein, Lauretta?

Lau-

Lauretta. Ja! Meine Furcht war kindisch. Ich will sie zu überwinden suchen. Ich will mir alle Mühe geben, anders zu denken. Nur machen Sie ihm meinen Zustand recht glücklich, glücklicher als er ist. Um seiner Ruhe willen will ich selbst der Wahrheit ein wenig zu leide thun, will ihm schreiben, ich wäre sehr ruhig — Aber es ist nicht wahr, Tinto, ich bin ängstlich, und werde es bleiben, bis das alles zu Ende ist.

(Beide ab.)

Pisá.

Kampano's Wohnung.

Gabriele (sitzt und arbeitet.) Kampano (liest aus einer Legende der Heiligen.)

Kampano (schmeißt das Buch zu.)

Alles Lügen! Lauter Pfaffengewäsch! Mag's glauben wer will, ich nicht.

Gabriele. Das ist's, worüber ich Nacht und Tag, Woche und Jahr predige. Alles verwerfen, was man nicht mit Händen greifen kann. Immer klüger seyn wollen, als der liebe Schöpfer. Kampano! Du bist herzensgut, aber mit deinem Glauben mag ich meine Seligkeit nicht erwerben. Die Wunder zu verwerfen!

Kampano. Wollen Wunder gethan haben, und thun in allen Ecken, und ist keiner im Stande meine Tochter oder mein Gut herzuwundern. Jezt ist das Mädchen nun in Rom!

Ga

Gabriele. Ich habe den ganzen Morgen zur heiligen Jungfrau für sie gebetet.

Kampano. Ich habe nur ein kleines Wörtchen mit Gott über sie gesprochen. Ich denke, wenn er hören will, wird er darauf eben so gut hören, als wenn ich ihm da so vieles vorleyere; und will er nicht hören, basta! Zanken kann man sich doch nicht mit ihm.

Gabriele. Du könntest mir wohl, wenn du nicht mehr lesen willst, erzählen, wie es eigentlich mit dem Verlust unsers Guts zuging. Vorbey ist's einmal, und wissen möcht' ich's doch.

Kampano. Wart. Ich will's erzählen. Vielleicht wird mir's besser, wenn ich noch einen Zusatz von Galle kriege. Seitdem das Mädchen weg ist, ist mir's gerade wie einem, der ein Vomitiv im Leibe hat, das nicht fort will. Da ist sonst nichts besser, als mehr drauf.

Du erinnerst dich noch des Erzschelms Benvoglio, wie er zum erstenmale uns besuchte, mit einem Gesichte, daß man hätte glauben mögen, es wäre der heilige Laurentius, wie er auf dem Rost gelegen.

Gabriele. Ihr traut ja immer so viel auf eure physiognomischen Kenntnisse. Ich will nichts sagen, aber hättest du mich nur im Zimmer gelassen —

Kam-

Kampano. Schweig, Gabriele; weil ich angeführt bin, hab' ich darum schon Unrecht. Der verdammte Kerl hat mich um alles gebracht, und doch thät' ich's morgen wieder, wenn ich's hätte, und es käme mir so einer. Nimm mir's nicht übel, aber mit deiner Hartherzigkeit wirst du auch in Abrahams Schooße keine große Figur spielen. Was haben dir all deine Heiligen, und dein Puzen und Anbeten geholfen? Keiner ist wieder zu dir gekommen. Saldezzino hat sie mit samt dem Gute.

Gabriele. Eben der Saldezzino bleibt mir ein Räthsel.

Kampano. Mir nicht, weil ein Schurke keins seyn kann. Aber zur Sache. Also Benvoglio packt da mit seinem Kram aus, bringt Documente von Venedig mit Senatssiegeln und allen Teufeln von Klauseln und Beglaubigungen, daß ihm ein Schiff in Beschlag genommen, weil sein Schiffer die Zölle betrogen. Der hat nicht gut seyn gemerkt, ist davon gegangen in alle Welt, und hat das zu Pulver fast vermoderte Schiff den Herren Senatoren als Prise gelassen. Das wird angeschlagen, feilgeboten; will kein Mensch mehr als hundert Piaster vor den Untergangsbalken zahlen. Zehntausend Dukaten machen Zölle und Strafen. Die liebe Gerechtigkeit darf bey-
leibe

leibe nicht zu kurz kommen. Man hält sich an die Waaren, obgleich der Besitzer blutunschuldig an dem allen ist, und beweist, der Schiffer habe auf seine eigne Rechnung dem unverletzlichen Accisamt X vor U machen wollen. Binnen drey Monaten soll Benvoglio die zehntausend Dukaten bezahlen, oder die Waare ist verfallen.

Jezt werden die Rechnungen von den Kaufleuten beygebracht, und bewiesen, die Waare sey über 50,000 Dukaten am Werth. Der Many ist ruinirt, wenn ihm niemand hilft. Wucherer lassen sich nicht ein, der Wucher sieht zu blos da. Sogenannten ehrlichen Leuten ist die Sache mißlich. Ich frage Tinto um Rath. Der Mann wird verlegen. Vater, sagt' ich, den Menschen nicht beyseite gesezt, um dem Freunde nicht zu nahe zu treten.

Wenn Sie das Geld haben, fährt er rasch heraus, so geben Sie's.

Ich hab's nicht, erwiedere ich, ich müßt's auf's Gut nehmen. Das ist hart, antwortete er, da weiß ich kaum zu rathen. Ich konnt's ihm nicht verdenken. Nun, sag' ich, ich thu es vor meinen Kopf.

Zwey, drey Häuser, wo der Credit mir immer angeboten war, schlagen mir's jezt ab, sogar auf Hypothek ab. Nun fällt mir die Geschichte ein,

ein, wie ich die Societät vor'n Kopf stieß, und nicht Mitglied werden wollte.

Gabriele. Ich sagte dir's wohl damals, du solltest es nicht darauf ansehen.

Kampano. Nicht drauf ansehen? Gabriele, möcht's noch immer gewesen seyn, um die funfzig Dukaten, die alle Jahre gewiß drauf gehen, obgleich ich's auch nicht wegzuwerfen hatte, um den Großprahlern die Gurgel zu schmieren. Aber die Schwindsucht hätte ich mir an den Hals geärgert, wenn ich dabey gewesen. Das ist ein Geschrey von Menschenliebe und Wohlthätigkeit, welche die Gesellschaft stiftet, und betrachtet man's beym Lichte, da fressen sie sich alle Monate einmal im Köstlichsten dick, was nur zu bekommen, und saufen die Weine selbst, die sie den Traurigen in ihren Gesängen bestimmen. Ihre Wohlthaten bestehen darin, daß sie durchreisenden Müßiggängern, die zu ihrer Sekte gehören, Viatica geben, daß sie wie Prinzen reisen können; und geben sie zu einer öffentlichen Sache, die ehrenhalber sie nicht vorüberlassen können, ein paar hundert Dukaten, so wird ein Wesens gemacht, als wenn sie allein der Mittelpunkt des Menschenglücks wären, — und im Stillen, die Heuchler die! schleichen sie vor dem Bettler vorüber, der sie um einen Denar anspricht. Wo ich in einer Verblindung der Tagebäude mehr als der wirksamen Menschen übersehen kann, da bin ich Patron gewesen.

Gabriele. Nur gelassen, Kampano. Nun, und Saldezzino —

Kampano. Also übergab ich's dem Pater Tinto, sagte ihm, er möchte das Geld schaffen, gab ihm Vollmacht aufs Gut. Er treibt den grundehrlichen Saldezzino auf, der hier mit Geld angekommen ist, um sich ein Gut zu kaufen. Hätt' ich doch den Braten merken sollen, wie er mir mein's feil machte, und so süß einschwatzte, ich lebte ja fast immer in der Stadt. — Nein, Herr, sagte ich, die paar Monate, die ich da zubringe, können Sie mir mit allem Gelde nicht bezahlen. Da hab' ich Gottes freye Luft mir eigen gemacht; da hab' ich meine Blumen und meine Früchte von Bäumen, Herr, die ich aus dem Kern gezogen und gewartet — fast so, wie mein Mädchen da! — (Er wischt sich eine Thräne aus dem Auge.) Weg ist sie — und weg sind die Bäume! — Wer weiß, wie viele von meinen Lieblingen mir der Hund schon weghauen lassen! Bube! Bube! Um was hast du mich betrogen!

Gabriele. Weiter, weiter, Mann; ich begreif's noch nicht.

Kampano. Tinto sagte ihm trocken heraus, er möchte jeden Gedanken auf das Gut fahren laſſen. Das verſtand er, brach ab, und verſprach die zehntauſend Dukaten. Jezt wird ein Document aufgeſezt, Frau, ſo ehrlich, ſo gut. Da heißt's, ich ſoll in drey Monaten die zehntauſend Dukaten zurückzahlen, und zum Unterpfand iſt's Gut verſchrieben. Da hätte nun nothwendig erſt Klage und Gegenklage erfolgen müſſen, und hätt' ich's Geld nicht geſchafft, dann wäre das Gut öffentlich verkauft worden, und den Reſt hätt' ich herausbekommen. Das Document las ich durch, vom Anfang bis zu Ende. Ich bekomme die zehntauſend Dukaten, Benvoglio bekommt ſie gegen ſeine Handſchrift, und geht nach Venedig, ſeine Waaren zu holen.

Gabriele. Und nicht wiederzukommen —

Kampano. Das war die kleinſte Spitzbüberey, die konnte mir den Hals nicht brechen. Nach fünf Wochen, die wir ſo ganz ruhig und friedlich zubrachten, und nur uns wunderten, daß Benvoglio nicht ſchrieb, kömmt Tinto ganz außer Athem in mein Zimmer ein Zeitungsblatt in der Hand. Ich frage, was ihm iſt? „Bey allen Heiligen! ruft er aus, ich bin der unglücklichſte Menſch! Ich habe Ihnen von dem Handel mit Benvoglio nicht abgerathen, und der Kerl iſt ein Spitzbube!"

Ich

Ich muß sagen, wenn ein Stern vom Himmel auf mich gefallen wäre, so hätt's mir kaum schlimmer werden können, denn ich schnappte nach Luft, wie der Fisch außer Wasser. Ich faßte mich aber gleich wieder. Der arme Teufel von Pater dauerte mich. Ich rede ihm zu, er soll sich zufrieden geben, ich würde schon Geld schaffen, und zehntausend Dukaten machten mich noch nicht zum Bettler, weil das Gut zweymal so viel werth sey.

Ich gehe auch zu den Gebrüdern Kapri, die er mir als grundehrliche Leute schildert, und die es auch sind, und gebe ihnen den Wein so klar, wie er ist. Sie versprechen mir die zehntausend Dukaten. Ich froh, wie ich noch nie gewesen, zurück, erzähl's Tinto, und bringe ihn nun aus der mißmuthigsten Laune, die er wohl je gehabt haben mag.

Gabriele. Und am Pater Tinto merktest du nichts, ob etwa er den Benvoglio gekannt —

Kampano. Mit deinem verdammten Mißtrauen! Keine Christenseele verschonst du! Wie kannst du nu den treuherzigen Mann in Verdacht haben? Die sieben Wochen vergehen noch. Den Tag vor dem Zahlungstermin bekomm' ich ein Billet von den Gebrüdern Kapri, mit einem eingeschlossenen Briefe aus Triest, wo ein Haus fallirt, an dem sie hunderttausend Dukaten verlieren. Sie stellen mir vor, sie müssen jeden Scudi jezt anwenden, um selbst stehen zu bleiben. Nichts ist billiger. Ich muß mein unglückliches Gestirn verwünschen: ihnen aber kann ich's nicht zur Last legen. Ich bin außer mir, laufe zu Saldezzino. Der antwortet, sein Advokat werde den andern Tag mit mir sprechen. Tinto und ich erwarten in voller Angst den Zungendrescher. Er kömmt, will sein Geld, trotzt, und spricht von Klagen. Tinto fällt vor ihm nieder, der Bursche wird grob, mich überläuft die Galle. Marsch, Herr, sag' ich, zur Thür hinaus! Er geht brummend ab.

Gabriele. Da hast du freylich aus einem Teufel zehn gemacht.

Kampano. Den andern Tag erscheint die ganze Commission, zeigen mir meine Unterschrift; Tinto als Zeugen ebenfalls. Ich sehe sie an, erkenne sie an, er gleichfalls. Jezt wird das Document mir vorgelesen. Potz Element! Was stand da! Ich trete ihm für die gegebne Summe, wenn sie nicht auf den Tag bezahlt wird, das ganze Gut, wie es liegt und steht, beweglich und unbeweglich, als Eigenthum ab.

Wir bleiben die Augen offen stehen. Tinto fällt in Ohnmacht. Die Herren empfehlen sich,

um

um Salvezzino das Gut zu übergeben. Ich bin in einer Minute Bettler, habe den ohnmächtigen Pater auf dem Halse, und da tratest du ein.

Gabriele. Ich wollte schwören, Tinto hätte mit den Augen geblinzelt, um zu sehen, wie du dich begönneft.

Kampano. Schon wieder. —

Amorso (tritt ein.)

Kampano. Willkommen, alter Amorso! Brav, daß du uns besuchst. Wie steht's draußen? wie gefällt euch die neue Herrschaft? Stehn meine Bäume noch? Alter Freund, geh du nicht weg. Du kannst noch manches da beschützen.

Amorso. Ha! ich wollte, ich wäre gestorben, Herr, ehe Ihr Euch zu dem kindischen Streich verleiten lassen. Nehmt mir's nicht übel, aber ich hab' Euch als Kind auf'm Arme getragen, und da merk' ich schon die närrische Gutherzigkeit. Man muß bedenken, daß wir noch auf der Erde leben, und in keinem Paradies, wo die Menschen Engel sind.

Kampano. Sey nicht böse, alter Junge. Alles ist noch nicht verloren.

Amorso. Das hoff' auch ich nicht. Auch hab' ich Bemerkungen gemacht, die eben nicht wegzuwerfen sind. Salvezzino hat ein böses Gewissen.

Da behält man gemeiniglich Recht, wenn das einen Spitzbuben noch quält. Er fürchtet jeden Windstoß. Er kriecht aus einer Ecke in die andere. Er verwechselt alle Nacht das Bette. Das sind Symptomata eines Erzschurken, der es weiß, daß er einer ist.

Gabriele. Betet er denn?

Amorso. Alle Augenblicke fängt er an, aber es will nicht fort. Bald steht er vor der Marie, bald vor dem Paulustopf, vor dem heiligen Franziscus am meisten. Er muß es nicht gewohnt seyn, allein zu seyn. Er möchte sich besonders gern an mich drängen. Aber ich schneid' ihm allemal ein Gesicht, wie der verlorne Sohn in der Komödie, wenn er die Hölle ins Auge kriegt.

Kampano. Das gerade solltest du nicht thun, wenn du für uns handeln wolltest. In dem Menschen liegt etwas so Geheimnißvolles, daß man sich an ihn drängen, und ihn zu sich drängen muß, um hinter sein schnelles Erscheinen, hinter seine Ueberlistung des Paters, hinter sein böses Gewissen, was du so deutlich bemerkst, zu kommen. Man braucht nicht gerade den Schurken zu spielen, um der Vertraute eines Schurken zu werden. Man braucht nur Mitleiden mit dem Unangenehmen zu zeigen, was seine Lage verräth. Eine kleine Verstellung bringt ihn dahin, uns für seines

Gleichen zu halten, und er ist mit seinen Geheimnissen heraus, ehe man sich recht Mühe darum giebt. Greif es aber recht an. Aengstige ihn, so viel du kannst. Setz' jede Feder in Bewegung, um seine Furchtsamkeit auf den höchsten Grad zu treiben. Sey dann seine einzige Zuflucht, und alles wird gut gehen.

Amorso. Herr, Ihr habt Recht. Ich brenne schon vor Begierde, meine Kunststücke an ihm auszuüben. Ich will einen Schatten aus ihm machen, ich will ihn peinigen, daß das Fegfeuer ihm ein kühlender Tropfen scheinen soll, und er sich die Hölle als Labsal malt. Er soll beichten, und hätte er Loretto's Schätze beraubt, oder dem Pabste die Schlüssel gestohlen. Er soll vor glühenden Zangen nicht mehr zittern, das Rad für Seligkeit halten, und nach dem Inquisitionsschmuck, wie nach einem Panzer greifen.

Rom.

Rom.

Palast der Markise.

Markise. Antonette. Hernach Eduard.

Markise.

Alles ist doch gehörig unterrichtet? Ich bin Wittwe, lebe als Fremde hier, weil mir's hier gefällt, bin keine Männerfeindin, aber kann nur einen lieben, und bin in dieser Wahl sehr ekel.

Antonette. Die lezte Vorsicht ist unnöthig, meine Gnädigste. Der Engländer ist so verliebt, Sie sind es so sehr, daß beide darüber keiner Erklärung bedürfen.

Markise. Er ist aber auch der schönste Mann, der mir je vorgekommen.

Antonette. In der That wüßte ich auch keinen schönern gesehen zu haben.

Markise. Nur bitte ich, daß Antonette ihn nicht etwa zu schön findet.

Antonette. Sie, Markise, haben nun wohl nicht Ursache, auf Ihr Kammermädchen eifersüchtig zu seyn. Ich weiß aber schon, was Sie sagen wollen. Die Herren haben kleine Anfälle von Veränderung, und in einem solchen — aber glauben Sie nur, wir verstehen unsre Jagd. Ausgezeichnetes Wild eignen wir uns nicht zu, um vielleicht die ganze Gerechtigkeit zu verlieren. Aber so auf's erstemal sprechen, Markise?

Markise. O Antonette! Wohl schon zwanzigmal sprach ich ihn. Die Gräfin Ferrara hat mir diese Gelegenheit gemacht. Er hat Geschäfte dort, und sie hat mir jedesmal heimlich Nachricht geben lassen, wenn er da war. So hielt er alle diese Besuche für Zufall, und ich wußte meine rasende Leidenschaft so im Zaum zu halten, daß er sie nicht in so viel Stärke sahe, daß er dadurch hätte abgeschreckt werden können. Aber ich wandte alles, was ich ohne mich blos zu geben anwenden konnte, an, um ihn zu locken. Wahr, er ließ sich leicht fangen. O wenn ich ihn nur so finde, wie ich ihn haben will, wenn er kein Flüchtling ist, wenn er an der Liebe hängt, wie der Wille am Vollbringen, dann ist er mein Mann, dann hab' ich eine Eroberung gemacht, um die Rom mich beneiden wird. — Etwas — ein wenig, Antonette, hab' ich ihn schon erforscht. Er ist entschlossen, fest, und deswegen mußt' ich auch diese Verstellung wagen.

Antonette. Wobey Sie immer sehr viel wagen.

Markise. Was wagt Liebe nicht? Oder wie kann man das wohl wagen heißen, was Liebe thut, da sie selbst auf der Waage steht, wenn man nicht zu wagen Muth hat. Siehst du nicht, daß ich im Augenblick gefallen bin, in dem Mylord erfährt, ich bin ein Weib eines Mannes.

Antonette. Da muß Ihr Mylord in der That eine ganz besondere Exception von der Regel seyn. Ich getraue mir in ganz Italien keinen Pendant zu ihm zu finden, der es nicht gern sähe, wenn seine Geliebte eine verheirathete Dame ist. Ein so seltenes Thier —

Markise. Respekt, Antonettchen. Eduard ist der biederste, großmüthigste —

Antonette. Das werde ich am besten beurtheilen können —

Markise. Immer Eigennutz — edelste Mann. Er ist offen, und schmeichelt nicht sehr. Aber seine Worte sind Worte der Wahrheit, mit durchdringendem Verstande denkt er, mit einnehmender Stimme spricht er, sein Auge rollt zum Tödten, und begegnet mir sein Blick, so muß ich niedersehen. Aber Ehre ist bey ihm die erste Stimme

der

der Natur, und Tugend steht neben ihr. Beide machen ihn zum Halbgott.

Antonette. Schön, und fürchterlich. Bey alle dem, gnädige Frau, so gut ich ihm seyn könnte, gegen diese seine beiden Begleiter wage ich mich nicht zu stellen. Sie werden ein Stück Arbeit finden.

Markise. Aber der Sieg, Mädchen, wird auch herrlich seyn. Ich glaube, er kömmt! — Ja! — es ist sein Gang. Wie bebt mein Herz! Wie wallt mein Blut! Ha —

(Die Thüre geht auf; Eduard tritt ein, Antonette ab.)

Markise (ihm entgegen.) Willkommen, Mylord Eduard! willkommen in dem Hause, wo Sie schon so lange erwartet wurden!

Eduard. Und welches ich gewiß eher besucht haben würde, wenn ich eher gewußt hätte, daß ich seiner Gebieterin nicht mißfallen könnte. Wozu Weitläuftigkeiten, Markise? Wir haben uns oft gesehen, oft gesprochen. Immer hat sich der Eindruck vermehrt, den Sie auf mich machten. Ich war frey genug, ihn zu gestehen, Sie gefällig genug, mich ohne Entrüstung anzuhören. Die Erlaubniß, Sie besuchen zu dürfen, war Nahrung für mein Gefühl. Jezt bin ich da: aber ich werde Ihr Haus nicht verlassen, ohne eine entscheidende Ant=

Antwort mit mir zu nehmen. Ist sie zu meinem Vortheil, so machen Sie mich mehr als glücklich, denn Sie erhalten ein Gefühl, das Sie mir zuerst gaben, und welches ich ohne Ihre Hülfe wieder von mir werfen muß. Muß ich dieses, so sehe ich's als Geschick an, daß die Natur gerade mir zu nahe treten will.

Markise. Lassen Sie Ihre Frage hören, My= lord, wenn ich antworten soll. Sie wissen, ich bin ein Frauenzimmer, und hart seyn ist meinem Geschlechte nicht angemessen. Ueberdem haben Sie gewisse Drohungen eingemischt. — —

Eduard. Halten Sie ein, Markise. Ich würde mein Wort zurücknehmen, wüßte ich nicht, Sie meynten das nicht so. Ich bin von der Na= tion, die man die freye nennt, wenigstens giebt's einige unter uns, die diesen Beynamen nicht miß= brauchen. Ich glaube zu diesen zu gehören, und zwar dadurch, daß ich jeden Mitmenschen für so frey halte, als ich es wirklich bin. Hören Sie mich und urtheilen Sie. Liebe kannte ich noch nicht. Ihnen war's vorbehalten, mein Herz da= mit zu füllen. Sie haben mich sie in ihrem gan= zen Umfange kennen gelehrt. Sie sind die erste, und werden die letzte seyn. Ich will nichts von Ihren Reizen, von den tausend vortreflichen Ei= genschaften reden, die Sie mir in der größten Voll=

kom=

kommenheit gezeigt. Von den Wirkungen derselben will ich Sie überzeugen. Sie regieren in meinem Herzen. Wer über dieses gebietet, muß auch über meine Hand gebieten. Wollen Sie das?

Markise. Mylord! was soll ich Ihnen antworten? — Ihr Antrag ist so großmüthig —

Eduard. Wozu das? —

Markise. Lassen Sie mich ausreden. — So großmüthig, Mylord, daß ich mich fast nicht zu entschuldigen weiß, daß ich ihn nicht in seinem ganzen Umfange annehmen kann. Ihr Herz! — o es ist mir das willkommenste Geschenk, was Sie mir geben können. Ich greife mit einer Begierde darnach, die so stark ist, daß ich mich ihrer schämen würde, wenn die hellsehenden Augen Eduards nicht Leidenschaft von Frechheit zu unterscheiden wüßten. Was ich Ihnen dagegen schenke? — Was ich habe, Mylord Eduard! so wie ich hier bin, bin ich die Ihrige! Keine Rechte, nennen Sie sie, wie Sie nur wollen, nicht die heiligsten ausgenommen — so ganz schenk' ich mich Ihnen für dieses Herz, als wär' ich Ihre Sklavin. Sie sollen wünschen, ich will erfüllen. Ihre Hand aber, Mylord, kann ich nicht annehmen.

Eduard. Wie? Markise! Sie wollen sich mir ganz mit allen Rechten übergeben, und wollen meine Hand nicht? Verführerin! Sie wollen mich

mich auf die Probe stellen. Sie glauben, ich könnte die Geseze der Ehre und der Tugend vergessen? —

Markise. Das soll ich glauben? Nein, Eduard, ich glaube vielmehr, Sie legen sie nur falsch aus. Ich will Ihre Geliebte werden, ohne meiner und Ihrer Ehre zu nahe zu treten. Ich bin nicht die Geliebte eines andern. Sie erhalten ein ungetheiltes Herz. Ich mache als Ihre Geliebte Ansprüche auf alle Rechte einer Frau, und gelobe Ihnen unverbrüchliche Treue, als Ihnen je eine Gattin halten kann.

Eduard. Sie setzen mich in Erstaunen, Markise! Ich bin nicht Freund von Vorurtheilen, vielmehr suche ich mich davon zu entfernen. Aber wenn ich sagen sollte, ich hätte je ein Frauenzimmer gekannt, die beym möglichen Fall eines priesterlichen Bündnisses es ausgeschlagen hätte —

Markise. Weil sie sich dann fester angeknüpft hielten. — O, Eduard! ich könnte Ihnen sagen, sehen Sie auch hier die Stärke wahrer Liebe! Ich will nur gebunden seyn, so lange Liebe mich bindet — ich könnte noch mehr sagen. Ehe kältet die Liebe, ohne Ehe erhält sie sich wärmer und dauerhafter. — Aber alles das sind meine Gründe nicht. — Sie liegen theils in den Schwierigkeiten, die hier gemacht werden würden —

Eduard.

Eduard. Und welche Schwierigkeiten könnte man einer rechtmäßigen Liebe, einer edlen Verbindung in den Weg legen?

Markise. Vielleicht, Mylord, kennen Sie in Ihrem freyen Lande das Wort Kabale nicht. Vielleicht ist bey Ihnen Unterschied der Religion kein Mittel, diese zu befördern. Hier kann man damit sehr wirksam seyn. Sie sind Protestant; ich von der hier herrschenden Religion. Das werden Sie mir nicht zutrauen, daß ich glaube, in Rom bekümmre sich irgend Jemand um meine Seele. In den Zirkeln, die ich frequentire, ist das wahrhaftig nur Nebending, und man muß nach einem Ausländer greifen, um Seelennahrung zu finden. Aber desto näher, ich versichere es Ihnen, liegt den Herren an meiner Person. Nicht als ob Rom nicht viele, sehr viele meines gleichen aufzuweisen hätte, sondern weil diese Herren so unerschöpflich in ihrer Veränderlichkeit, und so ungenügsam in ihren Wünschen sind, daß man alle leidliche Gesichter Europens hieher versetzen könnte, und sie würden das unleidlichste unter ihnen dem Ausländer mißgönnen. Wenn sie nun vollends die Ausflucht der Religion wissen, da ist kein Weg, er sey so schlecht er wolle, ihnen zu verdrüßlich, sie gehen ihn.

Ich

Ich stehe hier in dem Ruf des Vorzugs vor vielen. Ich lebe hier seit einem halben Jahre, man weiß nicht warum. Mein Reichthum, meine Erziehung und mein Name öffnen mir alle Thüren. Aber dagegen glaubt auch jeder Wollüstling von Stande ein Recht auf meine Person zu haben. Er macht es sich zur Pflicht, mir zu verstehen zu geben, da ich noch keinen glücklich gemacht, so sey ich schuldig, ihn glücklich zu machen, weil er mich am meisten liebe. Vom Heirathen spricht keiner. Einen großen Theil meiner Anbeter binden Gelübde; andere fühlen sich zu schwach, mir Anträge machen zu dürfen, und die es könnten, fürchten mich. Verzeihen Sie dieser kleinen Eitelkeit, aber eine Frau von Verstand ist so vielen Männern eine zu gefährliche Gesellschafterin.

Eduard. Wahrhaftig, Markise, Sie schildern Rom so schön, daß man davon laufen möchte, wenn Sie nicht darin wären. Aber selbst von der Wahrheit dessen, was Sie da sagen, überzeugt, sehe ich noch kein Hinderniß für unser Bündniß.

Markise. Gleich, mein Theuerster. Es gehört hier ganz besondre Erlaubniß dazu, um eine Ehe verschiedener Religionen zu schließen. Wo diese ausgewirkt wird, dahin bringen die meisten meiner wichtigen Verehrer. Seyn Sie morgen mein erklärter Liebhaber, und keiner unter allen

die-

diesen wird etwas dawider haben. Alle sind stolz genug, zu denken, über kurz oder lang würden sie Sie sehr leicht ausstechen, und mich für sich selbst einnehmen. Aber als Ihre Gattin müßte ich Rom verlassen, und wenn Sie auch wirklich gefällig genug wären, mir das Gegentheil zu versprechen, so wissen jene das nicht.

Nicht genug, Mylord, daß sie die Erlaubniß zu verweigern suchen würden, sie würden politische Absichten dahinter suchen. Sie würden es bald dahin bringen, daß Sie Rom verlassen müßten. Sie würden als mein Verführer ausgeschrieen, wenn Sie gerade es nicht wären; Sie würden nicht darüber angesehen werden, wären Sie es wirklich.

Eduard. So verlassen Sie ein Land, das unsere Glückseligkeit hemmt, und gehn mit mir in ein freyeres, wo edle Seelen kein Zwang bindet, wo die Kabale, die Sie so fürchten, eigentlich nur dem Namen nach bekannt ist, zwar auch herrscht, aber so offen herrscht, daß sich jeder dagegen schützen kann, und also sie diesen Namen eigentlich nicht verdient.

Markise. Wenn Familie und Vermögen mir das erlaubten, Mylord, so würde ich's thun. So bindet das alles mich an Italien. Ich muß bleiben, und wenn der Verlust Eduards mir das Land lebendig zum Grabe machte. Aber das kann

Erster Theil.   D   Eduard

Eduard nicht zugeben. Und meinen zweiten Grund, Eduard, haben Sie noch nicht gehört. Mein Herz ist ganz Liebe für Sie, alles, was es Ihnen schenkt, giebt es deswegen. Lassen Sie, ich bitte Sie darum, dies Herz diesem Herzen nicht nehmen; machen Sie nicht, daß das priesterliche: „Er soll dein Herr seyn!" die Seligkeit eines Weibes zerstöre, mich aus der wärmsten Geliebten zur kalten Gattin umschaffe, daß ich meine Umarmungen Ihnen zolle, nicht schenke, und lassen Sie die Reize, welche die Natur mir schenkte, Sie zu erobern, nicht zu abgestumpften Waffen werden, die das Weib nur zu gern für andere schärfen lernt, wenn der Mann ihnen den Schild des Gehorsams unaufhörlich entgegen setzt.

Eduard. Sie sind bezaubernd, Markise. Das klingt so nach Freyheit, daß ich nicht Britte seyn müßte, wenn ich den Ton nicht verstände. Sie haben mich überwunden. Vom heutigen Tage an knüpfe ich mein Leben an das Ihrige, mein Glück an das Ihrige, mein Herz an Ihr Herz. Ohne einen Eid von Ihnen zu verlangen, gebe ich Ihnen den, nie von Ihnen zu lassen, so lange Sie mein bleiben wollen. Der Schöpfer, der uns schuf, bindet unser Band. Er ist der Priester, der uns vereinigt. Seine Schöpfung ist Zeuge. Was unsichtbar uns sieht

ſieht und hört, ſehe dieſen Bund, und trete auf, ihn zu ſtrafen, wenn wir ihn brechen.

Markiſe. So, Eduard, biſt du mein, und mein iſt paradieſiſche Seligkeit. Vom erſten Blick an, den ich auf dich warf, ſagte mir mein Herz: mit dieſen Armen wirſt du ihn einſt umſchlingen, dein ihn nennen, und frey ſeyn! Frey und gebunden, wir ſind, Eduard, was wir wollen, und nur das iſt Seligkeit!

Rom.

Palast der Gräfin Medina.

Gräfin. Kardinal.

Gräfin.

Wie kommt man denn zu dem nicht häufigen Glück, Ew. Eminenz zu sehen?

Kardinal. Schwesterchen, ich habe einen Auftrag an Sie.

Gräfin. Ich darf wohl nicht fragen, was für einen? Haben Sie etwa wieder ein unglückliches Mädchen unterzubringen? Nur her damit, ich brauche eine Kammerfrau.

Kardinal. Diesesmal spannen wir die Saiten etwas höher. Ich will Ihnen eine Freundin, eine Gesellschafterin zuführen. Ein Mädchen wie eine Huldgöttin, eine Edle aus dem Pisanischen.

Gräfin. Ah! die schöne Pisana. Ew. Eminenz werden mir aber im Ernst wohl nicht solche

Gesellschafterin zugedacht haben. Zur Oberaufsicht meines Hauswesens allenfalls —

Kardinal. Nichts weniger als das, Gräfin. Sie sollen Ihre Rechte hier im Hause gerade mit ihr theilen, wenigstens soll es heißen, sie habe so viel zu befehlen, wie Sie selbst. Alle Domestiken sollen ihr den nämlichen Respekt zeigen, den sie für Sie haben. Sie sollen Lustbarkeiten hier geben, von denen Lauretta die Königin seyn soll. Sie sollen sich mit Zuthätigkeit und Herablassung an sie drängen, damit Sie ihre Liebe und ihre Achtung gewinnen; Sie sollen ihr Rom zu einem Göttersitze, Ihren Palast zu einem Elysium machen. Sie sollen von dem Augenblick an, da ich sie Ihnen zuführe, keine andre Beschäftigung haben, als um sie zu seyn, sie zu unterhalten, keinen Augenblick sie zu sich selbst kommen zu lassen. Sie sollen ihr an den Augen absehen, was sie wünscht, und was ihr zuwider ist, von ihr entfernen, und wenn's Ihr eigner Augapfel wäre.

Gräfin. Das soll ich thun? Die Gräfin Medina soll — soll das thun?

Kardinal. Wie gesagt, Gräfin, Sie sollen das thun, und zwar aus dem Grunde, damit das Mädchen, welches auf keine andre Art geschehen kann, feurig mir in die Arme fliegt. Ist dieser

erste

erste Schritt vorüber, so werde ich Ihnen die Last erleichtern.

Gräfin. Seit wenn wär' es denn das Geschäft der Gräfinnen, Konkubinen für Kardinäle abzurichten?

Kardinal. Noch eins. Ich bekümmre mich zwar um Ihre geheimen Angelegenheiten nicht. Aber sollten junge Männer hier ein- und ausgehen, die in den Augen einer Unschuld dieser Art Ihren Ruf zweydeutig machen könnten, so muß für die Zeit ihnen das Haus untersagt werden, sie müßten sich denn verbindlich machen, ganz in den Schranken der Ehrbarkeit zu bleiben. Ueberhaupt muß der Spiegel der Tugend hervorschimmern, wohin man nur blickt. Selbst die Festivitäten müssen Zucht verrathen. Sie müssen sich das Ansehen der ersten Vestalin geben, müssen Laurettens Denkungsart bewundern, müssen ihr erzählen, daß trotz den Lastern, die hier herrschen, es edeldenkende, tugendhafte Häuser und Menschen gebe. Bey diesem Punkte müssen Sie sich dessen erinnern, für den Sie arbeiten.

Gräfin. Ich muß und ich soll, und ich soll, und ich muß! Nimmt das gar kein Ende? Kardinal, Sie müssens drauf angelegt haben, mich wüthend zu machen! Bin ich Ihre Sklavin, Bruder? Leb' ich von Ihrer Gnade? Giebt's irgend einen Dienst in der Welt, für den ich Ihnen einen solchen Gegendienst schuldig wäre? Ich soll mich zum Mährchen der Stadt machen — in der großen Welt ein Mädchen aufführen, die nicht einmal ihrer Geburt nach dahin gehört — ich soll mich in meinem eignen Hause einschränken lassen? meine Gesellschaft nach den Grillen eines Mädchens zustutzen, die zuletzt — Ihre Beyschläferin wird? Ich soll mich vor dieser bücken, um ihre Liebe betteln, meine Beglückten verjagen, mein Temperament umstimmen; einen Theil meiner Jugendzeit, deren Eile ich nur zu schwer fühle, ihr zu gefallen verschleudern? Kehren Sie ganz Rom um, das geschieht nimmermehr.

Kardinal. Sind Sie bald fertig, Gräfin?

Gräfin. Ich könnte über diesen Punkt, so wie über andere, Ihnen noch sehr vieles sagen.

Kardinal. Ich habe Ihnen nur eins zu sagen. Sie sind die Wittwe des Grafen Medina. Wie Sie diese Wittwe geworden, das sollten Sie freylich nur allein wissen. In der Familie Medina sind die Schlagflüsse nicht gewöhnlich, und wer mit der Tophana nicht umzugehen weiß, giebt die Dosis manchmal zu stark. Auch giebt es Kammerdiener, denen die Augen zwar vom Golde geblendet sind, aber der Mund noch nicht damit gestopft

ſtopft iſt. Ich werde die Ehre haben, einen dergleichen Ihnen aufzuführen.

(will ab.)

Gräfin. (rufend.) Kardinal! Bruder! Kardinal!

Kardinal (kömmt zurück.) Was ſteht zu Ihren Dienſten?

Gräfin. Wenn werden Sie mir Lauretten bringen?

Kardinal. In ein paar Stunden etwa, wenn es Ihnen nicht zuwider iſt.

Gräfin. Ich mache mir eine Freude daraus, Ihre Wünſche zu befördern.

Kardinal. Und ich werde ſuchen, dieſe Gefälligkeit auf irgend eine Art wieder gleich zu machen.

(Er küßt ihr die Hand, und geht ab.)

Gräfin. Er konnte mich alſo doch verrathen. Ich gab ihm Schätze, theilte mein Bett mit ihm, ließ ihn den Herrn im Hauſe ſeyn, nur nicht ſcheinen. Er überraſchte mich bey dem Geſchäft, wodurch ich ihn ſicher ſetzen wollte; da Medina noch lebte, war er bittend, einſchmeichelnd, ſchien, um einen Grad erhöht, ewig dankbar ſeyn zu wollen. Ich räume den kleinen Tyrannen weg, und werde die Sklavin eines größern. Aber dieſen liebe ich. Liebe! wie ſtark biſt du denn für ihn? Stehſt du mit meinem Leben im Gleichgewicht? Iſt Verachtung

tung des Elenden, den ich aus dem Staube erhob, nicht mächtig genug, dich zu ersticken, oder wenigstens so lange dich zu unterdrücken, bis — Verachtung, nein, Verfolgung! Daß er mich in meinem Hause brüskirte, daß er es verließ, um mir weh zu thun, das vergab ich ihm; aber Verfolgung, Rache, die hier fehlgeschlagen, dort stärker wirkt, die kann ich nicht ertragen. Er könnte mich jedem preis geben, von dem er wüßte, er wäre mir zuwider, und ich müßte mit meinen Antipathien buhlen. Weg mit ihm!

(ab.)

Rom.

Palast des Kardinals.

Kardinal. Pater Tinto.

Kardinal.

Tinto, sie ist zum Entzücken schön! Machen Sie ein Meisterstück, besänftigen Sie die Aeltern. Wenn sie einwilligen, daß sie meine Geliebte wird, so soll sie bald Fürstin seyn. Rom soll vor dem Glanze erstaunen, in dem Lauretta leben soll, Kampano soll sein Gut mit Wucher wieder erhalten, Sie sollen bald meiner Höhe nahe klimmen, und ich will den heiligen Vater nicht um seinen Stuhl beneiden.

Tinto. Sachte, Ew. Eminenz, von allem dem wird gewiß nichts. Der alte Kampano ließe die Welt ehe untergehen, als daß er sein Kind zur Buhlerin bewilligte.

Kardinal. Tinto! Verdient denn die Buhlerin genannt zu werden, die meine Gattin seyn würde, wenn wir nicht unglückliche Ausnahmen dieser Glückseligkeit wären?

Tinto. Um die wahrhaftig in unserm Stande nicht leicht einer, der Ihre Höhe erreicht, den Weltmann beneidet, da unerträgliches Einerley ihn weit stärker ketten würde, als diesen. Weise für sich, drückend für uns mindere, machte wohl der klügere Kopf das Projekt des ehelosen Standes der Himmelswächter. Ew. Eminenz entsinnen sich gefälligst der Leidenschaft, die Mariottina in Ihnen erregte, wo Sie schwuren, Sie würden gern dem Stand entsagen, wenn Sie das Mädchen Weib nennen könnten. Und da Sie endlich Berge von Hindernissen mit Zechinen weggeschwemmt, und vier Wochen in ihren Armen geruhet, waren Sie froh, daß sich ein Mann fand, der sie Ihnen mit einer so schweren Goldsteuer, als Mariottina es selbst war, abnahm. Wäre sie nun Ihr Weib gewesen = . .

Kardinal. Still vom vorigen. Die Gräfin erwartet Lauretten. Gehen Sie dahin, führen Sie sie auf, und erwarten Sie dann weitere Befehle.

(ab.)

Tinto.

Tinto. Dann freylich müssen wir still seyn, wenn wir zu erkennen geben, daß wir nicht jedes Wort glauben. Versprechen kann man sehr viel. Hätte Kampano sein Gut wieder, so könnt' ich warten, bis ich die Stufen ersteige, die sein Spiegel mir zeigt. Kardinal seyn ist in der That nimmer kitzlich, als das Amt seines Geschäftsträgers verwalten. An Fähigkeit also fehlte es mir nicht dazu. Ob aber an Ew. Eminenz Glück? — Nein, wir wollen behalten, was wir haben. Die rothen Hüte haben der Kompetenten zu viel, und Lauretten giebt's zu wenig, um, wenn diese befriedigt hätte, durch andere jene Versprechungen im Gedächtniß zu erhalten.

Rom.

Rom.

Palast der Gräfin Medina.

Tinto. Lauretta. Hernach die Gräfin; endlich der Kardinal.

Lauretta.

Den Glanz, Tinto, werd' ich nicht ertragen können. Er blendet mich. Machen Sie; daß ich zu meinen Aeltern zurückkehren kann. Mein Herz schlägt nach Ruhe, ich mag ihm zureden, wie ich will. Der Kardinal kann keine Schwester haben, die ihm nicht ähnlich wäre. Ich fürchte sie nicht: aber ich stimme nicht für Rom.

Tinto. Neuheit, liebe Lauretta, Ungewohnheit bringt die Meynung hervor. Die Menschen, mit denen Sie nicht zu stimmen glauben, stimmen mit Ihnen. Ihre Denkungsart, ich läugne das mit Ihrem Vater nicht, ist in Rom etwas seltenes; aber desto glücklicher für Sie, daß Sie gerade an die Menschen kamen, die diese Seltenheit zu schäzschätzen wissen. Könnten wir nur Ihren Vater in diesen Augenblicken herzaubern!

Lauretta. Er würde nicht so gut für mich denken, wie Sie und der Kardinal. Er setzt die Schwäche zur Stärke, die Sie davon trennen. Er spricht von wachsendem Eindruck, der Tugend überwinden kann, die Sie für unüberwindlich halten.

Tinto. Weil er mit den Jahren mürrisch geworden, oder vielmehr von Schwäche der Seele, die dem Alter eigen seyn muß, auf Schwäche derselben in ihrem stärksten Zeitpunkt schließt. Dann — Liebe zur Tochter, die das einzige Kind ist; Unwissenheit, in wie weit Rom in den Jahren seiner Abwesenheit sich gebessert; Verläumdung von Seiten so vieler, die ihre Freydenkerey mit Aufsuchung unserer Schwächen bemänteln, das alles hat ihm falsches Licht gezeigt.

(Die Gräfin tritt ein; Laurette will ihr die Hand küssen, sie umarmt sie aber.)

Gräfin. Willkommen, Fräulein, in meinem Hause. Eine Freundin, die ich von meines Bruders Hand mit so warmer Theilnehmung aufnehme; eine Gesellschafterin, die mir nur noch fehlte, um meine Tage ganz glücklich zu machen —

Lauretta (sehr verlegen.) Gnädige Frau! Eine arme Unglückliche, die höchstens Ihr Mitleiden verdient, und diese Herablassung —

Gräfin. Nichts von Herablassung. Tugend, Fräulein, giebt jedem Verhältnisse Gleichheit, oder, lassen Sie mich Sie lieber Laurette nennen, es klingt schwesterlicher — Tugend, Laurette, gäbe einem viel geringern Herkommen, als das Ihrige, das Recht, mich Schwester zu nennen. Unschuld ist ohne Rang, wird selten gefunden, aber besonders hier, wo sie ist, als ein Kleinod betrachtet, welches Verehrung verdient. So denkt das Oberhaupt in Rom, so denken, die ihm am nächsten sind, und in dieser Rücksicht sind Sie mir vom Kardinal empfohlen, dem ich gehorchen müßte, wenn ich auch den Bruder nicht liebte. In meinem Hause können Sie den Ausgang eines Rechtshandels abwarten, der den rechtschaffenen Vater der rechtschaffenen Tochter wieder in den Besitz seines Vermögens setzen muß. In meinem Hause werden Sie nicht als Lauretta Kampano, sondern als Schwester der Gräfin Medina betrachtet. Zu unserm ganzen Bunde fehlt nichts, als daß ich in den Besitz eines Herzens komme, welches der Ruhm seiner edlen Empfindungen mir werth gemacht, und durch dessen Unschuld ich lernen kann, welchen Vorzug stille Erziehung vor den Sitten

der

der Hauptstadt hat, die aber freylich in diesem Pallast keinen Eingang finden.

Tinto (für sich.) Die Heuchlerin! Es giebt keinen verrufenern, als den ihrigen.

Gräfin. Was sagten Sie, Tinto?

Tinto. Meine Seele bekräftigte alles, was Ew. gräfliche Gnaden vorbrachten, und ich wagte es nur nicht, laut das Zeugniß für die Wahrheit abzulegen. Jezt, halb aufgefordert, will ich Lauretten das Gemälde ausmalen; und ich bitte Sie, Gräfin, im voraus, mir zu verzeihen, wenn ich diesmal Ihrer erhabenen Bescheidenheit nicht nachgebe; wenn ich diesem mir anvertrauten Engel sagen muß, Sie sind in Rom die einzige Dame, wo Kampano den einzigen Schatz seines Lebens sicher aufheben konnte.

Gräfin (für sich.) Der Schurke! Er denkt anders, und er flüsterte anders.

Lauretta. Ihr Gemälde, Tinto, so schön es ist, kann nur Schatten gegen das seyn, was ich hier vor mir sehe. Man thut Rom unrecht, es zu tadeln, wenn es auch nur drey Menjchen dieser Denkungsart darin gäbe, denn solche Beyspiele müssen alles um sich her bessern. Auch bin ich schon überzeugt, daß die Schilderung, die man mir und meinem Vater gemacht, übertrieben ist. Sie, Gräfin, haben diesem Vorurtheile Einhalt ge-

gethan. Ihres Bruders Stand und Würde ließen mich nichts anders von ihm erwarten; aber mit Schamröthe gesteh' ich's, gegen Roms erste Damen hatte man mich so eingenommen, daß nur dieses Bruders, eines Kardinals, und des verehrungswerthesten Mannes Empfehlung mich dahin bringen konnten, ohne Zittern mich Ihnen zu nähern. Ich finde eine Schwester, Sie erlaubten mir ja, Sie so zu nennen, die Mutterstelle bey mir vertreten kann und wird. Unter Ihrer Anführung werden die Tage, die ich hier zubringen muß, untadelhaft für mich dahin fließen. Ich werde in Ihren Augen den Spiegel der Güte meiner Aeltern erblicken, meine Sehnsucht wird sich mindern, wenn ich sie in Ihren Busen ausschütten kann, und die Unmöglichkeit, Ihnen auch nur die kleinste dieser Wohlthaten ersetzen zu können, wird den Stolz auf Ihre Freundschaft in den Schranken ewigen Dankgefühls erhalten.

(Sie fällt der Gräfin in die Arme, die ihre Liebkosungen feurig zu erwiedern scheint.)

Gräfin. Und nun weg mit Dank und allem dem, was noch irgend einen Abstand zwischen uns übrig lassen könnte. Sie sind jezt meine Schwester, und ich muß Sie vor allen Dingen von dem unterrichten, was hier Ihnen auffallend seyn könnte, und für Klippen Sie warnen, die Ihre gute

Meynung bald könnten scheitern lassen. In Rom leben, Laurette, heißt der ruhigen Stille entsagen, die Sie gewohnt sind. In dieses Uebel müssen Sie sich also schicken. Ich lebe in der großen Welt, und Sie als Schwester, müssen mit mir darin leben. Diese Lebensart hat ihre guten und ihre schlechten Seiten. Der erstern sind wenig, der letztern viel, allein man kann den erstern treu bleiben, selbst wenn man den Schein der letztern nicht ganz vermeiden kann. Sich ganz auszeichnen, den Sonderling spielen, heißt hier etwas scheinen wollen, was man nicht ist, und nicht selten wird Eingezogenheit mit Ansprüchen auf die Betschwester verwechselt. Aber auch auf der andern Seite ist Theilnehmung an unschuldigen Freuden gewöhnlich das Spielwerk der Verläumdung. Was also wirklich halb Rom, ja was bey weitem der größre Theil desselben Ihnen sagt, davon müssen Sie gerade entweder das Gegentheil glauben, oder noch besser Ihr eignes Urtheil bis zur nähern Prüfung zurückhalten. Der Lästerung, gutes Kind, entgeht keine unsers Geschlechts. Ueber sich also flüstern zu sehn, vielleicht mit Ihren Ohren es zu hören, daß meine und des Kardinals Absichten auf Ihren Untergang gerichtet sind, das müssen Sie stündlich erwarten. Schon daß Sie einen Fuß in des Kardinals Haus setzten, hat mehr

als

als hundert Mäulern zu thun gegeben. Eminenzen haben der Feinde immer mehr, als der Freunde, weil die Freunde aller übrigen eines jeden einzelnen Feinde sind, und meines Bruders ganze antipathisirende Schaar wird von Ihnen reden, was Sie selbst nicht glauben.

Lauretta. Um aller Heiligen willen, Gräfin, was sagen Sie mir da? Ich sollte schon meinem Rufe geschadet haben, schon in den Augen so vieler Menschen eine Verworfene seyn? Die Prophezeihung meines Vaters wäre so bald in Erfüllung gegangen? Nein, Gräfin, Sie malen sich die Bilder zu schwarz, es kann, es darf keine Menschen geben, die den gütigsten, menschenfreundlichsten Mann verläumden, nie der Unschuld eines Mädchens spotten könnten. Das wären Unmenschen.

Gräfin. Ruhig, meine Liebe. Es giebt ihrer gewiß, das werden Sie selbst erfahren. Uebrigens geht alles dieses Sie nicht weiter an, als daß Sie beym Hören nur thun sollen, als hörten Sie es nicht, daß Sie dem Verdachte, den man in Ihnen gegen mich und den Kardinal zu erwekken suchen wird, kein Gehör geben, und sich daran erinnern, ich sagte das vorher. Was übrigens die Provinzialisten Ruf heißen, Laurette, das hat in einer Hauptstadt keine Bedeutung. Das Wort

gleicht

gleich einem Chamäleon, sieht bald so, bald so, und wird, nachdem diese Veränderungen Statt finden, gebraucht oder nicht gebraucht, gedreht, verwechselt und gemißbraucht, wie eines jeden Konvenienz es erfodert. Sie fürchten ferner in den Augen derer, die von Ihnen reden, eine Verworfne zu seyn? Nichts weniger. Diese selbst sind von Ihrer Unschuld überzeugt, aber sie möchten gar zu gern glauben machen, sie wären nicht davon überzeugt. Die sie so hintergehen möchten, kennen sie aber schon, wissen, daß sie das lebendige Sprachrohr der Unwahrheit sind, und stellen sich ihnen zu glauben, ohne wirklich zu glauben, und das blos, um so viel möglich zu vermeiden, selbst in ihren Mund zu kommen. Wer diese Lage Roms nicht kennt, und die Oberfläche davon nur gewahr wird, der nimmt einen immerwährenden unversöhnlichen Haß jeder einzelnen Person gegen einander gewahr, und im Grunde tragen alle diese Menschen Neid und Hinterlist nur auf der Außenseite, und im Herzen wünschen sie jedermann das allerbeste. Selbst, Laura, die sich wirklich hinreissen ließen, zu glauben, Sie ständen mit dem Kardinal in einem geheimen Bündnisse, würden Sie selig preisen, und würden Ihre Klugheit bewundern, daß Sie ihn einzunehmen gewußt.

Lau-

Lauretta. Mein Erstaunen, gnädige Frau, ist außerordentlich; aber ich gestehe Ihnen, was Sie sagen, ist mir nur halb verständlich. Ich glaube in jedem Satze Widerspruch zu finden, und doch getraue ich mich nicht zu behaupten, ich könne ihn entwickeln. Daß Rom ein gefährlicher Ort ist, nehme ich daraus ab, und zittern würd' ich vor jedem kommenden Augenblick, wenn Ihre Güte nicht so groß gegen mich wäre. Sehen Sie, ich muß mich ganz in Ihre Arme werfen, um mich nicht in diesem Labyrinthe zu verirren. Ich thue das mit einem Zutrauen —

Gräfin. Für welches ich Ihnen vielen Dank schuldig bin, weil ich dessen schnelle Reise, mehr auf Ihr Herz, als auf —. Ha! Mein Bruder!

(Der Kardinal tritt mit einer schüchternen
Miene ein, von welcher er sich aber gleich
wieder erholt.)

Kardinal. Nun, Laurette, sind Sie mit meiner Schwester zufrieden?

Lauretta. (küßt ihm die Hand.) Was soll ich sagen, Ew. Eminenz? Ich habe Aeltern verlassen, und Aeltern wiedergefunden. Ich bin mit Roms Zierden bekannt geworden, und stehe unter dem Schutze Tadelsfreyer, die in dieser Stadt so selten seyn sollen. Ich liebe, die ich fürchtete, und werde als eine Unglückliche von Glücklichen geach-
tet

tet und aufgenommen, als wäre ich ihres gleichen. Kann etwas mehr für Rom, mehr für meine Ruhe sprechen?

Kardinal. Ihre Zufriedenheit bezaubert mich, Gräfin, ich weiß nicht, wie ich diese Güte vergelten soll. Ich wage auch nicht zu bitten, daß Sie sie fortsetzen, denn Laura scheint auf Ihr Herz schon so gewirkt zu haben, daß es mehr sagen wird, als ich sagen könnte. Doch will ich Ihnen einen Beweis geben, daß auch ich Sie nicht aus meinem Gedächtniß lasse. Ihr gewesener Kammerdiener wurde vor einer Stunde tödtlich verwundet in meinen Palast gebracht.

Gräfin. Wie! Der Bösewicht fand seinen Untergang?

Kardinal. Vielleicht nicht so sehr Bösewicht, als Sie denken, Schwester! Ich bin geneigt zu glauben, daß alles, was er verübt, Zerrüttung seines Geistes ist; denn, stellen Sie sich vor, er wagte in meiner, zweyer Aerzte und eines Paters Gegenwart zu behaupten, Sie hätten einen Banditen gedungen, ihm das Lebenslicht auszublasen.

Lauretta. Gott! welche Frechheit!

Kardinal. Nicht, Kind. Gewiß, Blödsinn, ganz gewiß.

Gräfin. Hier, Laurette, haben Sie schon einen Beweis dessen, was ich Ihnen erst sagte. Morgen bin ich in dem Munde der halben Stadt die Urheberin dieses Mordes, und wer weiß aus was für schändlichen Absichten.

Kardinal. Befürchten Sie nichts. Blos Besorgniß, man möchte Ihnen den Vorfall anders vortragen, und der Wunsch zu sehen, wie Sie mit Lauretten zufrieden wären, brachten mich hieher. Nun werde ich aber alle Anstalten treffen, die Sache in das gehörige Licht zu setzen, und die Oeffnung des todten Körpers wird sogleich den Grund aller der Thorheiten entwickeln, die er schon in Ihrem Hause beging.

(Er nimmt die Gräfin bey Seite.)

Er hat wirklich ein Protokoll zu Papiere bringen lassen, welches Scenen aus Ihrem Leben mit dem Grafen von Medina enthält, die wohl Rom und gewisse Gerichtsstühle in Bewegung setzen könnten; allein ich werde natürlich Sorge tragen, daß keines dieser Papiere weder Wahrscheinlichkeit noch Glaubwürdigkeit erhalte, und überhaupt nicht zum Vorschein kömmt. Er will sogar seinen Mörder gekannt haben.

(laut.) Uebrigens ist es sehr wahrscheinlich, daß er sich selbst entleibt, da der Dolch noch in der Brust stack, und er ein sehr abgelegenes Gäßchen gewählt, wo niemand zugegen war. Decken wir das alles mit dem Mantel der Liebe, und bedauren den Unglücklichen, dessen Seele lange leiden wird. Aber Sie sind traurig geworden, Laurette, und das thut mir leid.

Lauretta. Nur ernsthaft, Ew. Eminenz, wie der Fall es erforderte. Leiden, sie mögen treffen, wen sie wollen, wirken das auf mich. Und mehr noch als das, kränkt es mich, daß eine Dame von der Gräfin Medina Charakter von der Verläumdung nicht einmal unangetastet bleiben kann.

Gräfin. Wären Sie in Rom erzogen, Laurette, Sie würden das nicht sonderbar finden. Sie werden aber noch mehreres finden, wogegen Sie sich mit aller Ihrer Lebhaftigkeit werden waffnen müssen. Je größer ein Ort ist, desto mehr hört man von traurigen Begebenheiten, die immer im schnellern Zirkel umherrollen, als die fröhlichen, die der Genießende lieber für sich behält, anstatt daß man jene gern mittheilt. Ich werde es Ihnen weder verdenken noch wehren, mit dem Leidenden theilzunehmen, allein der Mensch ist zur Freude geschaffen, und wo wir Freude haben können, da müssen wir Schmerz fliehen. Sie sind eine zu unschuldige Schülerin, als daß ich nicht Gelehrigkeit von Ihnen erwarten sollte. Ich lasse Sie nun einmal nicht von meiner Seite, und

ich

ich hoffe, daß ich auch noch einst die Freude haben werde, Ihre Aeltern bey mir zu sehen. — Ihre Augen glänzen bey dieser Aussicht? O Kind, wie glücklich sind Sie, daß Sie so fühlen!

Kardinal. Aber in der That, Gräfin, der Gedanke ist auch himmlisch gut. Nein, Laurette soll nie wieder von uns scheiden. Sie soll Ihre und meine Schwester seyn, und Ihre Aeltern wollen wir ehren, wie die unsern. Und nun müssen wir uns trennen. Laurette, schreiben Sie Ihren Aeltern; Sie, Tinto, reisen dann schnell ab, und Ihnen, Gräfin, empfehle ich nur, Lauretten zu bleiben, was Sie ihr jezt sind.

Pisa.

Kampano's Wohnung.

Gabriele (sitzt an einem Tisch.) Kampano und Tinto (treten ein.)

Kampano.

Tinto, es wirbelt in meinem Kopfe. Ich liebe Sie, ich weiß nichts Böses von Ihnen, ich traue es Ihnen auch nicht zu, und doch — daß Sie allein kommen — ohne Lauren, ohne das Mädchen, da Sie wissen, meine ganze Seele hängt an ihr — beym Himmel, Tinto, das war unrecht.

Gabriele. (die indeß aufgestanden, und sich beiden genähert.) Ja, bey der heiligen Jungfrau, Tinto, ich war noch nie ohne Verdacht gegen Sie, aber dieß gründet ihn fest. Wo ist sie? reden Sie, geben Sie Rechenschaft? — Hüten Sie sich vor dem Fluche einer gekränkten Mutter! Rache will ich schreyen, wenn ich mein Kind nicht wieder erhalte, so laut will ich sie schreyen, daß die Ruhe der Seligen gestört werden, und die Qual der Verdammten still stehen soll.

Kampano. Still, Mutter, still doch! — Aus Barmherzigkeit, Tinto, reden Sie.

Tinto. Gern, Kampano, sobald Sie mich nur anhören wollen. Ich fordre ja alle Gelassenheit auf, um den Schmähungen Ihrer Gattin, und Ihrer unzeitigen Aengstlichkeit nicht Unwillen entgegen zu setzen. Ich komme ein Bote des Friedens, und Sie empfangen mich wie einen Verbrecher. Sie fordern Ihr Kind, das mit mir so zufrieden ist, so ungestüm von mir, daß ich nicht den Augenblick fassen kann, um Ihnen zu sagen, sie ist glücklich, ihre Aeltern werden es auch werden.

Kampano. Sie ist glücklich? — Das ist nichts, Tinto. Das Glück der Mädchen ist gewöhnlich ihr Untergang. Sie ist zufrieden mit Ihnen. Das ist etwas. Diese Zufriedenheit wird sie doch ihrem Vater nicht verhelen. Ein Brief —

Tinto. Wird mich also rechtfertigen. Hier ist er. Mutter! wenn deiner Tochter Brief nicht Reue aus deiner Seele für das preßt, was du mir gesagt, so wende ich meine Hand ab! In der That, Gabriele, Ihr ewiger Verdacht gegen mich hätte lange verdient, daß ich mich Ihrer nicht annehmen sollte; indessen, was hält man einer Mutter nicht zu gut! Hier ist Trost für Sie. Ein Brief

Brief vom Kardinal, und tausend Dukaten, um den Prozeß gegen Saldezzino anhängig zu machen. — Nun, Kampano, warum erbrechen Sie nicht?

Kampano. Könnten Sie mir ins Herz sehen, Tinto, Sie würden die Frage nicht thun. Fürchterlich hält's meine Hand von diesem Erbrechen zurück. Was, Tinto, was kann ich nicht alles finden? und was, Tinto, was kann ich vor dem Erbrechen nicht alles denken? Können Sie mir es verargen, wenn schwermüthige Grillen mich ergreifen? Sehen Sie, wenn das ein erzwungener Brief wäre? Wenn mein Mädchen in den Klauen irgend eines Bösewichts diese Zeilen geschrieben hätte, um Ihrer Tugend Opfer um einige Tage zu verschieben? Wenn Sie so mit der scheinheiligen Miene als Heuchler da ständen, selbst dem geistlichen Wollüstlinge zu Gunsten sprächen, arbeiteten, reisten, wenn —

Tinto. Halten Sie ein, Kampano! Ich reise in diesem Augenblicke ab, kehre sogleich mit Lauretten zurück, gebe sie dem Vater, und sehe dann diese mißtrauischen Menschen nie wieder.

Kampano. Bey Gott! eine Frage, ob's nicht so besser wäre? — O Tinto! hätten Sie sie mitgebracht, eine Höllenstunde hätten Sie mir erspart! — Was thu ich? — Ja, reisen Sie,
brin-

bringen Sie, die ganze Welt ist mir nichts ohne Lauren — doch! bleiben Sie —

Gabriele. Vergebung, Tinto! — Kampano! Der Kardinal schreibt in den gnädigsten Ausdrücken, er versichert uns die wärmste Anhänglichkeit.

Kampano. Wie verdächtig doch diese Anhänglichkeit ist! Seine Gnade macht meine Zähne knirschen, und mein Blut jagen. Warum kann ich mir's denn nicht ausreden, daß jeder noch so schöne Schritt, im Angesichte eines reizenden Mädchens gethan, nur das Mädchen zur Absicht hat? Warum habe ich Rom von dieser Seite kennen lernen? Warum stand ich eben neben einem dieser ersten Hirten, als eine himmlische Figur auf den Knieen vor ihm lag, ihr Elend vorstellte, und Hülfe von ihm erhielt? — Und in drey Tagen überrascht' ich sie in seinem Cabinet, und er lachte. Dieses Lachen ging mir schon damals durch die Seele, als ich noch flüchtiger dachte. Aber seitdem ich selbst ein Mädchen habe, stand es beym Anblick eines solchen Mannes immer vor mir, und jezt, da ich selbst arm bin, da mein Mädchen um Hülfe wimmert, da ich sie bey einem Kardinal weiß, jezt steht dieses Lachen, wie aus dem Angesichte eines Teufels hervorbrechend, da; jezt schreibt sich's mit feurigen Zügen in meine Augen, jezt dreht's dreht's meine Einbildung schwindelnd fort, und ich sehe Lauren im Cabinette des Kardinals. Wuth, Wuth, Tinto, brennt in mir! — Und doch möcht' ich den Mann sehen, der in dieser Stimmung meine philosophische Kaltblütigkeit beybehielte? Mit dieser, Pater, frag' ich Sie: Soll ich erbrechen?

Tinto. Kampano! Es ist eine der ersten Lehren, die man in unsern Noviziaten uns beybringt: Traget! Seyd dem Schwachen Hülfe! Weist den Verirrten zurecht! Selbst deswegen, daß ich vorhin gehen wollte, muß ich Sie um Verzeihung bitten. Ich werde mich nie wieder so übereilen. Wenn Sie aber mich durch diese Frage verwirrt zu machen glaubten, so irren Sie.

Kampano. Schwacher Mensch! Als ob's nur in diesem Augenblicke um einen Beweis deiner Redlichkeit zu thun wäre! Ob ich zittern soll, das wollte ich sehen. Dem drückendsten ängstlichen Augenblicke wollt' ich durch deine Aeußerung ein Ende machen.

Tinto. Die ist und bleibt sich gleich, wie die Unschuld. Aber, wenn dem Vater die Tochter so bekannt ist, wie Ihnen die Ihrige, so müssen ja die ersten Zeilen ihm sagen, was er zu erwarten hat. Kann in einem erzwungenen Briefe wahres kindliches Herz nachgeahmt werden? — Ich will

Gu-

Gutes mit Bösem vergelten, Vater. Ich las nicht, was sie schrieb; aber es ist unmöglich, daß jemand schreiben kann, wie Laura Ihnen schreiben muß.

Kampano. So hätten Sie doch wohl Recht. Gut; hören Sie, was sie schreibt, und urtheilen Sie selbst. (Während des Erbrechens.) Vielleicht kann ich den Kardinal und die tausend Dukaten mir aus dem Kopf lesen.

(Er liest:)

„Könnt' ich doch zu Ihnen fliegen, theuerste „Aeltern! könnt' ich nur auf einen einzigen vor„überrauschenden Augenblick bey Ihnen seyn, „um Ihnen zu zeigen, Ihre Laura ist dadurch „nur unglücklich, daß sie nicht bey Ihnen seyn „kann."

Tinto! Vergeben Sie. Das ist Herzenssprache — „Ich weiß es, ich mag es Ihnen noch so leb„haft malen, daß es mir wohlgeht, ich mag „Ihnen schildern, wie ich will, daß die Gefah„ren, die Sie mir vorgestellt, durch ein glück„liches Ungefähr des Schicksals vor mir vorüber„gegangen, Ihre gränzenlose Liebe zu mir wird „dennoch sich noch Zweifel schaffen, die ich so „gern ganz von Ihrer Seele nähme."

Wie

Wie gut sie ist, Mutter! Wir wollen gern mit dem Geschenk zufrieden seyn, gern alles das andre vergessen, was man uns nahm. O Tinto! Lassen Sie den Kardinal seinen Brief und seine tausend Dukaten wiedernehmen, nur meine Laura soll er mir wiedergeben. Ich Thor, daß ich sie von mir gehen ließ!

Tinto. Sonst bin ich keine solchen Ausschweifungen an meinem Freunde Kampano gewohnt. Wenn beide Glücksfälle zusammen bestehen können, so ist's ja wohl besser. Aber lesen Sie weiter; dann will ich Ihnen des Kardinals Meynung eröffnen.

Kampano (liest:)

„Es ist wahr, der Kardinal ist ein schöner „Mann," (das wollte ich, hättest du nicht gefunden, Laura!) „aber er ist der bescheidenste, „edelste, großmüthigste, den ich je gesehen. „Seine Schwester, die Gräfin — o Gott! „in den wenigen Augenblicken, da ich sie kenne, „steht sie in meinem Herzen schon zunächst mei„ner theuren Mutter!"

Das ist viel gesagt. Gott gebe, daß es wahr ist!

„Bester Vater! beruhigen Sie sich in Ansehung „meiner über alles. So lange ich in Rom bin, „werde ich nicht aus den Augen meiner tugend„haf

„haften Führerin gehen. Aber gewiß auch nur,
„so lange es nothwendig ist, bleibe ich in Rom;
„denn wenn es auch wirklich ein Himmel wäre,
„und Sie sind nicht da, so ist es für mich keiner.
„Ich soll Se. Heiligkeit sprechen, und dies soll
„mein letzter Augenblick hier seyn. Tinto wird
„Sie von den Bemühungen des Kardinals für
„Ihre Sache benachrichtigen. Ich bitte Sie nur,
„Lauren immer zu lieben, wie Sie sie liebten.
„Ich küsse Ihnen Beiden ehrfurchtsvoll die Hän-
„de, und mit einer Thräne der Dankbarkeit für
„Ihre älterliche Liebe schließe ich diese Zeilen —"
Die es beweisen, daß du noch unverdorben bist.
Aber der schöne Mann, Tinto, macht mir doch
Scrupel.

(Er nimmt Gabrielen den Brief des Kardinals aus
der Hand, und liest ihn flüchtig durch.)

Viel Gnade — und ziemlich viel Anschein von Aufrichtigkeit. Wenn die Herren in frühern Zeiten
nicht daran gewöhnt würden, zu schreiben, was sie
nicht denken, so könnte man glauben. Das schlimm-
ste bey der Sache sind die tausend Dukaten.

Tito. Aber, Kampano, Sie treiben doch auch
Ihre Pünktlichkeit zu weit. Sie können ja ohne
Geld gegen Saldezzino und Benvoglio nicht han-
deln.

Kampano. So tragen Sie es zu meinem Procurator. Er soll die Sache anheben, und die Gelder Sr. Eminenz berechnen.

Tinto. Eigner Mann! Ich werde Ihr Kassirer seyn. Ueberhaupt dächt' ich, Sie gäben mir Vollmacht, den Handel in Ihrem Namen zu betreiben.

Kampano. Recht gern. Schaffen Sie mir nur Lauren bald, und machen Sie übrigens, was Sie wollen. Noch eins. Saldezzino hat zweymal nach Ihnen geschickt. Reisen Sie doch hin. Vielleicht ist aus dem Buben etwas zu bringen. Kommen Sie in mein Cabinet wegen der Vollmacht.

(Beide ab.)

Gabriele. Auch die tausend Ducaten ihm! Nein, Kampano, mein Tage ist das nicht richtig. Ich bin in der That für alles eingenommen, was zur Kirche gehört; aber wenn einer der Heiligen, die ich anbete, so ausgesehen hätte, wie dieser ehrsame Pater, ich würd' ihn aus der Reihe meiner Beschützer verstoßen. Ich will nicht seyn, die ich bin, wenn er nicht den Kardinal und meinen Mann am Strickchen umherführt, wenn er nicht mit dem Bösewicht Saldezzino unter einer Decke steckt, wenn der arglistige Wollüstling nicht selbst Absichten auf Lauren hat, wenn er nicht Gruben gräbt, in die wir fallen sollen. Und Gabriele, die das alles sieht, muß schweigen.

Rom.

Rom.

Palast der Markise.

Antonette. Hernach die Markise; endlich Eduard.

Antonette.

Das ist ja ein Leben, wie im Himmel! Wochen vergehen, in denen Eduard nur einmal kömmt, nur einmal geht. Das heißt, er ist unaufhörlich bey ihr. Kläglich, wahrhaftig, daß unser eins nicht auch einen solchen Liebhaber erwischen kann. Gar nicht überdrüßig zu werden, immer sich gleich zu bleiben? Warum geht's mir nicht so? Da kommen die Herren, und zwey, dreymal — weg sind sie! Wer zum viertenmale ja erscheint, kömmt zum fünftenmale gewiß nicht wieder, es müßte denn ein Pater seyn, der nicht weiß, wohin, oder den man an allen andern Orten abgewiesen. Bald fange ich an zu glauben, daß die Liebe der geistlichen Herren eine sehr ekelhafte Liebe ist, auch ist sie gewöhnlich sehr sparsam im rendiren. O des großmüthigen Mylords! Summen hab' ich von ihm

ihm, blos weil er meine Herrschaft liebt. Wenn er nun mich liebte — der Gedanke macht mich vor Freude trunken, was würde die Wirklichkeit nicht thun —

Markise. (tritt ein.) Warum bin ich denn so bange, Mädchen, wenn er mich nur auf einen Augenblick verläßt? Sind das Symptomen der Liebe, so hab' ich noch nie geliebt. Wie ich meinen Mann nahm, glaubte ich auch, ich wäre verliebt. Er war ein schöner Mann, er gefiel mir. Freylich glaub' ich, es gefiel mir mehr, daß ich frey wurde. Meine Eingezogenheit bey meiner Tante, die eklen Tugendpredigten gefielen mir nicht. — Und doch ist Eduard auch ein strenger Tugendprediger, und er gefällt mir. Erkläre sich das, wer kann. Meine Gedanken bleiben stehen. — Die Entfernung eines Jahrs von meinem Manne hat mich nicht bekümmert. Eduards Entfernung ist mir schrecklich, dauert sie Stunden —

Antonette. Das kömmt daher, Markise, weil Sie Ihrer Leidenschaft zu freyen Lauf lassen. Sie gehen mit so raschen Schritten vorwärts, daß Sie sich nicht allein ermüden, sondern aufreiben werden.

Markise. O Mädchen! Den Tod der Liebe zu sterben, das muß sehr süß seyn. Ich fühle es, daß mein Feuer nicht blos brennt, daß es verzehrt.

Aber

Aber laß es, ich werde es nicht dämpfen. Eduards Macht läßt es zur ewigen Flamme werden.

Antonette. Erlauben Sie, gnädige Frau, daß ich mich auf einen Augenblik zu Ihrem Besten bis zu Ihrer Freundin erhebe. Sie vergessen sich ganz. Sie vergessen Ihre Lage, vergessen, daß Ihre Freyheit Chimäre ist, die Sie sich denken, einbilden, wahr glauben, und darnach handeln. Ihr Gemahl liebt Sie unaussprechlich, traut Ihnen so unbegränzt, daß kein Spion zur Aufsicht über Sie in Ihren Diensten ist. Von Ihren Ergebnen haben Sie nichts zu fürchten. Das aber macht Sie so sicher, daß Sie den Zufall vergessen. Ganz Rom weiß nicht allein Ihre Liebe, sondern Sie breiten sie selbst aus. Ganz Rom, wir wollen das einmal annehmen, weiß nicht, daß Sie verheirathet sind. Aber Reisende gehen von hier immer in des Kaisers Staaten. Wie leicht kann da ein unschuldiges Wort Sie verrathen? Noch mehr; Sie beantworten Ihrem Gatten seine Briefe nicht. Unruhe darüber kann schon ihn herbringen, wenn schon die Nachrichten ihm verborgen blieben. Nehmen Sie an — er kommt. Jeder Mund erzählt ihm die Liebe der Wittwe, die — seine Frau ist — Das Wetter bricht los — Sie sind in einer Gefahr, die doch, so groß sie ist — Kinderspiel gegen die ist, die eben dieser Eduard, dieser so unbegränzt beglückte Eduard läuft. Was bringt ihn dahin? — Ihre Unvorsichtigkeit — Ziehen Sie sich zurück, lassen Sie Rom glauben, Ihr Bündniß lasse nach —

Markise. (äußerst heftig.) Thörin! Was ist das für ein Rath? Was wagst du, mir zuzumuthen, daß ich läugnen soll, was ich lieber ganz Europa ankündigte. Daß er mich liebt, ist große Wonne, aber die größte wird dadurch daraus, daß man weiß, er liebt mich — Und was treibt dich, Dinge in mir aufzuregen, die ich vergessen will? Nein, ich habe den Marquis nie geliebt! Wahn ist's gewesen, dummer, thörichter Wahn. Rasend möchte ich werden, daß er mein Gatte ist! Vergessen will ich's, wie man seine Sünden vergißt. — Geh! — komm mir nie wieder vor die Augen, wenn du den verhaßten Mann noch einmal nennen willst.

Antonette. Aber ich bitte Sie fußfällig —

Markise. Geh, Schlange, gleich geh! — Du bist bestochen — ich werde dich fortjagen —

(Antonette geht ab, der Markise stürzen Thränen aus den Augen.)

Markise. Wahr ist's, was sie sagt! Und daß das wahr ist, ist doch wohl zum Verzweifeln! Und nichts kann dies geknüpfte verhaßte Band auflösen, nichts — und alle Grundsätze Eduards sind uner-
schüt-

schütterlich — und zeigen eine Außsicht? — Ja, die Außsicht, daß es aus mit seiner Liebe ist, wenn er's erfährt! Aus könnt' es mit seiner Liebe seyn? Ha! da ist's aus mit mir — aus mit der ganzen Welt! — Tod! Tod! — Ja, du trennst den Bund — Welch ein schrecklicher Gedanke! — Ha! wenn Eduard den wüßte, wie würd' er fliehen vor dem Weibe, die den Gedanken nur aufsteigen lassen konnte, Mörderin an ihrem Gatten zu werden — Ist's nicht schrecklich, daß meine Seele in diesem Augenblicke fühlt, sie verdient es nicht, daß Eduard sie liebt!

Vorsichtig soll' ich seyn! Vorsicht und eine solche Leidenschaft, wie reimen sich die zusammen? Jede Vorsicht selbst könnte mir zum Verderben werden, weil ich sie nicht anzugreifen, nicht zu behandeln weiß. Ich soll ihm auf seine Briefe antworten? Sind sie nicht alle voll von Liebe, die ich nicht ertragen kann, vor der ich zurückbebe? Wie könnte ich die beantworten? Kalt würden meine Antworten seyn, wie mein Herz, wenn ich an ihn denke, und dann käm er gleich — gewiß gleich — und Eduard!

O Eduard! Du solltest das Geheimniß wissen, und mich doch lieben, so mich lieben, wie du mich jetzt liebst. Du hast wohl Recht — es giebt kein Weib, die das priesterliche Ja nicht gern ergreifen soll-

sollte, um den Mann der Liebe zu retten. Und ich sprach das einzige glückliche Wort in der unglücklichsten Stunde aus, und verscherzte mit dem Ausspruche jede Seligkeit meines Lebens — Und ich bin noch nicht rasend?

Ha! bald werd' ich's werden! Wenn Eduard in mir die Ehebrecherin sieht, dann, dann bin ich's —

(Sie geht in heftiger Bewegung auf und ab. Eduard tritt ein.)

Eduard. Was ist Ihnen, meine Beste? so unruhig, so in Wallung! Geweint? Warum? O Markise! ist Ihr Eduard nicht im Stande, Sie ruhig, Sie glücklich zu machen?

Markise. Ja, er ist's — Er kann es gewiß. Wenn du nicht bey mir bist, fahren tausend widrige Grillen in mir auf. — Sie schränken sich nicht blos auf mich ein, mein Lieber, sie betreffen auch andre. Da denk' ich mir so manches unglückliche Weib, welche die Gattin eines Mannes ist, den sie nicht leiden, nicht lieben kann. Nicht wahr, Mylord, es ist etwas Trauriges um die Ehe?

Eduard. Warum darüber streiten, Markise? da unsre Grundsätze nie darin übereinstimmen werden, und da Ihre Wünsche ganz erfüllt sind, da ich Ihnen nachgegeben. Ich kann nicht Ihrer Mey-

Meynung seyn, weil ich zu gewiß fühle, ich wäre das, was ich jezt bin, wenn ich Ihr Gatte — wenn Sie, wie Sie meine liebende Geliebte sind — mein liebendes Weib wären.

Markise. Das müßte mich froh machen, Mylord — und ich glaub's — nur gar zu gern glaub' ich's Ihnen, Sie würden das seyn; aber Sie rechne ich auch wirklich unter die Ausnahmen. Denken Sie aber nun ein Weib, die ihren Gatten nehmen mußte, nicht gerade aus Zwang nehmen mußte — nehmen mußte, weil sie unter einer Aufsicht stand, die ihr gehässig war — weil sie in der Aufsicht dieses Mannes ein viel liebenswürdigeres Bild fand, als die Lage war, in der sie sich vorher befand; die damals nichts von Seelenliebe, nichts von Uebereinstimmung fühlte. Nehmen Sie einen Sklaven barbarischer Nationen, frey und als Herr geboren, der unter der peinlichsten Lebensart sich gedrückt fühlt, der, um ihrer los zu werden, auf Lebenszeit sich einem christlichen Herrn verspricht, wenn er ihn loskauft, jene neue Sklaverey für Seligkeit gegen diese hält. Beide sind in gleichem Verhältniß; die neue Sklaverey dünkt im Anfange schön, bald, wenn die alte vergessen ist, drängt sich der Gedanke an Freyheit herzu, und diese wird so unerträglich, wie jene war. Bedauren Sie den Mann nicht? — Und das Weib, in deren Seele bald Leere gegen den Mann erscheint, den sie nicht liebte, bald Sklaverey, die erst leidlich schien, ihrem Herzen unleidlicher als die erste wird, wird nicht Theilnehmung wirken? Setzen Sie noch dazu, der Mann ihrer Seele erscheint, sie sehen sich, lieben sich — streiten — vergessen sich endlich — nicht Verzeihung, Eduard, nicht? —

Eduard. Ihre Beredsamkeit strömt — aber aus einer falschen Quelle. Theilnehmung? o ja! Verzeihung? Eben so sehr — aber Achtung? Nein, Markise — ich kenne kein Gefühl, das mir über das Gefühl ehelicher Treue ginge. Ich weiß Schwachheiten zu vergeben, aber sie müssen in den Schranken der Schwachheiten bleiben —

Markise. Schranken für Schwachheiten? O ihr Philosophen? Eduard, wärst du nicht so warm gegen mich, ich würde sagen, die Philosophie ist eine eiskalte Schwachheit, sie verläugnet Natur und Menschheit.

Eduard. Sie haben zu viel, was für Sie spricht, Markise, sonst könnte diese Aeußerung leicht den wärmsten Ihrer Liebhaber so wankend machen, daß er selbst seine Leidenschaft für Sie als Schwachheit auslegte.

Markise. Sie erschrecken mich, Eduard. Nichts mehr davon, Geliebter. Du könntest sagen,

deine Leidenschaft zu mir wäre Schwachheit? —
Dann könntest du denken, sie zieme dem Manne
nicht, und mich verlassen? (Sie bricht in Thränen aus.)
Was sollte ich Unglückliche dann anfangen? Nein,
du bist zu weit in deinen Geständnissen für mich gegangen. Man bleibt nicht so lange schwach. Du
wärst lange zurückgekommen, und ich wäre lange
nicht mehr. Du machst mich zittern für meine
eigne Schwachheit. Meine Liebe zu dir wäre also auch Schwachheit?

Eduard. Geschwärmt, geschwärmt! O meine
Beste! wozu bedürfen wir alles dessen? Ihnen,
wenn Sie auch schwach wären, würde ich tausen-
derley zu gute halten, was andere nie von mir verziehen bekämen. Heißen Sie das Schwachheit,
Ungerechtigkeit ist's nicht, denn die Liebe will ihre
Rechte und ihre Vorzüge haben.

Aber weg davon. Ich habe einige wichtige
Briefe nach England zu schreiben. Geben Sie mir
den Schlüssel zu Ihrem Cabinette. Es sind Briefe,
die meine Abreise von hier verhindern, und meine
Gegenwart dort unnöthig machen sollen. Die verweigern Sie mir gewiß nicht zu schreiben?

Markise. (giebt ihm hastig den Schlüssel, und fällt
ihm um den Hals.) Da, mein Bester, schreiben Sie,
schnell, eilig, versäumen Sie keinen Augenblick,
der die kostbarsten Briefe aufhalten könnte! Sie

nach

nach England, und ich hier — das ist unmöglich — unmöglich sag' ich —

(Sie treibt ihn sanft zum Zimmer hinaus.)

Es ist mir, als ob Trost in mich gekommen wäre. Mir will er vergeben, was er andern nicht verzeihen würde. Wahr! Ich bin zu furchtsam. Ich traue der Liebe zu wenig. O sie hat mehr gethan, als das! Und hab' ich nicht der Waffen noch genug? Noch lag ich nicht als Reuvolle, als Büssende vor ihm auf den Knieen. Noch hat er mich nicht im höchsten Standpunkte der Traurigkeit gesehen, die uns so schön machen soll. Noch hab' ich nicht händeringend vor ihm gewinselt. O ihr Hülfsmittel alle! Begeistert mich dann, wenn ich einst das schreckliche Geständniß thun muß, und eurer bedarf!

Kampano's Landgut.

Saldezzino. Tinto.

Saldezzino.

Vergieb, Tinto, daß ich dich rufen ließ.

Tinto. Freylich zur ungelegenen Zeit. Doch wollt' ich dich nicht warten lassen. Was giebt's? Etwas Nothwendiges muß es seyn.

Saldezzino. Sicher, Tinto, wenn deines Bruders Leben dir etwas Nothwendiges ist.

Tinto. Dein Leben? Wahrhaftig, hier sehe ich's nun eben nicht in Gefahr. Bist du rasend geworden, Saldezzino, daß du bey gesundem Leibe mich aus Pisa holen läßt, um dein Arzt zu werden; daß du mich in Geschäften aufhältst, die von solcher Wichtigkeit sind, daß ich darüber in Ungnade kommen kann? — Aber jetzt seh' ich's, du bist wirklich blaß. Was ist das? Ist etwas geschehen? Hat man —

Saldezzino. Man hat nichts — es ist auch nichts geschehen, und doch ist auch wieder viel geschehen —

Tin=

Tinto. Wahrscheinlich hast du dich doch von da weggemacht?

Saldezzino. Natürlich! Ich legte mich in Kampano's gewöhnliches Schlafzimmer. Da ging mir es noch schlimmer. Ich konnte kein Auge zuthun, und Gestalten gingen, obgleich ich eine Lampe brennen ließ, vor meinem Bette vorüber, die ich ansehen mußte, ich mochte wollen, oder nicht. Sie zerrten mir das Tuch weg, womit ich mich deckte, und rissen mir die Augenlieder auf, so fest ich sie auch zupreßte. Sie grinzten mich gräßlich an, als ob sie meiner spotteten, und manche sahen aus, als ob sie mich fragen wollten, was ich hier machte? Bruder! es war fürchterlich anzusehen!

Tinto. Das glaub' ich dir, armer Tropf. Aber du bist doch mehr als zwey Nächte hier im Hause?

Saldezzino. Hör' nur weiter. Die dritte Nacht legte ich mich in Laurettens Bett —

Tinto. Unheiliger! Auch das mußtest du entweihen!

Saldezzino. Wahrhaftig, so etwas muß daran gewesen seyn. Ich dachte, die Stätte, wo die Unschuld selbst gelegen, müßte von allen Beeinträchtigungen frey seyn. Freylich hatte ich keine gar zu reinen Gedanken, wie ich mich niederlegte.

Zwey

Zwey Bouteillen Zyperwein, und das Mädchen mir vor den Augen tanzend, machten, daß ich im süßen Wonnegefühl einschlief; allein wie ich mitten in der Nacht erwachte, heiliger Franziscus! was war das für eine Glut in mir und um mich! Hölle! Hölle! dacht' ich und rief ich. Ich brannte über und über.

Tinto. Narr du, hättest ein paar Flaschen Wasser vor's Bette setzen sollen. Wer trinkt Zy= perwein, und träumt von einer Lauretta, und es geht ihm nicht so?

Saldezzino. Ich vermuthete Durst. Ich hatte Wasser beordert. Meynst du, ich hätte dazu kommen können? So wie ich mich aufrichtete, schlug's mich mit feurigen Geißeln wieder nieder. Da standen sie roth und blau, gelb und schwarz. Alle hieben auf mich. Ich wollte schreyen, ich konnte nicht. Ich suchte mich ihren Schlägen zu entwinden. Sie mußten mich halb todt geschlagen haben, denn wie ich wieder zu mir käm, war's heller lichter Tag, ich lag auf der Erde vor dem Bette, und triefte vor Angstschweis.

Tinto. Das muß noch nicht das ärgste gewe= sen seyn, sonst hätt'st du mich gleich holen lassen.

Saldezzino. Ich schickte, aber du warst schon in Rom. Ich wagte es die vierte Nacht in Ga= brielens Schlafkammer. Ich trank viel Wasser,

Erster Theil.   G   und

und nahm Cremortartari. Da ging's beſſer, beſonders als ich den andern Tag alles, was von Heiligen in meinem Hauſe war, in Kampano's Hauſe wollt' ich ſagen, oder in deinem Hauſe, Bruder, zuſammennahm, und um's Bette herſtellte; ſogar aus den Büchern nahm ich die Heiligenbilder, und heftete ſie mit Stecknadeln ums Betttuch her. Anfangs konnt' ich nicht wiſſen, was die Wirkung that, daß ich ruhig ſchlief, und nur dann und wann einmal aufſchrie, ob's die Heiligen, oder Kraft von Gabrielen wäre. Seit geſtern iſt mir aber ein Licht aufgegangen, und ich verdank' ihr das alles.

Tinto. Der Alten? Das finde ich neck'ſch. Und wie kam die Ohnmacht der Heiligen an den Tag?

Saldezzino. Geſtern Morgen kam der alte Hausverwalter, den ich immer für meinen ärgſten Feind gehalten, weil er ſo grisgram bey der Uebernahme des Guts war, zu mir, und ſagte ſehr freundlich, ich thäte wohl, daß ich mich mit den Heiligen verpanzerte, denn es wäre nicht gar zu richtig im Hauſe, erzählte mir da ein langes und breites —

Tinto. Was du mir ein andermal mittheilen kannſt.

Sal-

Saldezzino. Gut; diese Nacht also reißt's die Thür auf, und schmeißt mir nichts dir nichts all den heiligen Kram wie Kraut und Rüben durcheinander, reißt mir die Bilder vom Betttuch, aber ins Bette wagte sich's nicht. Da muß noch Gabrielens Leibpatron Wache halten. Ich kroch unters Bette, und schlief trotz der Angst wieder ein. Wie ich des Morgens aufstehe, sahe ich die ganze Bescherung, ärger als bey den Philistern. Eine gipserne Marie war in tausend Stücken, der Kopf war in einen treflichen Paulus gefallen, und hatte ihm die Nase gespalten; ein Arm war dem heiligen Franz durch den Mund gefahren. Ein hölzerner Johannes war von oben bis unten gesprungen, und durch ihn eine ganze heilige Familie aufgerissen. Die Marie hatte einen hölzernen Schein gehabt, der die tres reges gespießt; was von Papier war, da sahe man nicht mehr, wie es ausgesehen.

Tinto. Der Hausverwalter hat es wirklich mit seinen Hausgötzen sehr übel gemeynt.

Saldezzino. Im Ernst, Bruder, ich verstehe den Spaß nicht. Schaff mir Ruhe —

Tinto. Du hast ja Gabrielens Bette, was willst du mehr? Am Tage quält dich's doch nicht?

Saldezzino. Nein, am Tage quält mich's nicht. Aber denken kannst du dir doch, daß die Kraft von Gabrielen endlich einmal zu Ende geht, und wer mit Heiligen so umspringen kann, der wird mit mir armen Sünder es noch weit ärger machen. Ich greife alle Augenblicke an meine Nase, ob sie noch da ist. Hör', Bruder, gieb das Gut weg, oder laß einen andern darauf wohnen.

Tinto. Das geht nicht. Du weißt, unter welchem Namen du hier bist. Ich kann niemanden das Geheimniß anvertrauen.

Saldezzino. Hör' Bruder, ich steh' dir vor nichts. In der Seelenangst schrey ich einmal alles zum Fenster hinaus, oder packen sie mich einmal, so beicht' ich alles. Ich bin doch ein Mensch, Bruder, und so was kann kein Mensch tragen. Ich wollte nur, du versuchtest es eine Nacht.

Tinto. Mondsüchtiger! Trink Wasser statt Wein, lauf den ganzen Tag auf die Jagd, bis die Füße dir weh thun, riegle dich fest in dein Zimmer ein, daß kein Hausverwalter hinein kann, schmeiß den heiligen Plunder zum Fenster hinaus, sey klug, und du wirst schon Ruhe haben.

Saldezzino. Das alles wirkt nichts. Ich warne dich, Tinto. Trau mir nicht. Ich laufe zum Kampano, und erzähle alles.

Tin-

Tinto. Ich kann mich hier nicht länger verweilen. Ich will dich also auch nur warnen. Der Thurm, Saldezzino, der dich zuerst erschreckt hat, geht zwanzig Ellen tief unter die Erde. Parterre ist ein Loch, wo gerade ein Mensch durchspatzieren kann. Uebrigens fällt man weich, denn unten sind Schlangen und Kröten, die sich selbst auffressen und dann wieder vermehren, und davon sehr fett werden. Die Wände sind glatt wie Spiegel, an kein Aufklettern ist zu denken. Ein Wort, das du einem Geiste oder einem Menschen sagst, macht diesen Thurm zu deiner Wohnung. Den Zeitvertreib kannst du dir denken. Tag und Nacht sind gleich dunkel. Wasser und Brod wird dir täglich an einem Seil herabgelassen; aber du mußt glücklich genug seyn, im Finstern es zu ertappen, sonst fressen's deine kriechenden Kammeraden, und du mußt hungern. Gabrielens Bett kann ich dir auch nicht versprechen. Ueberleg' die Wahl, und damit Gott befohlen.

(geht ab.)

Saldezzino. Er wär' im Stande, und hielte Wort. Er befiehlt mich Gott, und will mich dem Teufel in die Krallen werfen. Hat er mich ihm nicht schon übergeben? Das erste Bubenstück, das er mich ausüben hieß, war gleich der Hölle werth. Aber was sollt' ich thun? Keines Scudi war ich Herr, hatte auch keine Hoffnung, einen zu bekommen. Wo ich einen Dienst suchte, da hatten andre mehr gelernt als ich. Wo Protektion nöthig war, da gab's beßre Schmeichler, wo List siegte, da hieß es, der dumme Teufel bleibt weit zurück. Da malt' er mir nun meinen Zustand, daß ich entweder vor Hunger verdorren, oder mich auf die Galeeren verkaufen müßte. Soldatenglück wär' wegen meiner Feigheit nicht zu machen, zum Pfaffen sey ich gar zu dumm. Ein Beutel voll Zechinen, den er mir vor die Augen hielt, machte mich stumm. Ich ging mit ihm, und sprach kein Wort. Ich wurde gefragt, ob ich die Lästerungen des Grafen L** gegen die Unbeflecktheit Mariens gehört. Ich sagte ja. Mir wurde ein fürchterlicher Eid vorgelegt. Ich fuhr zusammen; aber ein Blick von ihm machte, daß ich ihn wegschwur. Jezt hatt' ich Geld. Ich wollt's anlegen, und nun ehrlich werden. Wie ich im besten Planmachen bin, kömmt den dritten Tag jemand, und erzählt, Graf L** sey eben hingerichtet. Das fuhr mir durch Mark und Gebein. Ich mußte mich zerstreuen. Ich ertränkte meine Angst in Wein, das half nur auf Augenblicke. War ich nüchtern, so war sie wieder da. Ich klagt' es Tinto. Er fand ein Mittel. Er schickte mir eine der schönsten Venuspriesterinnen Roms. Das war probat.

Die

Die Hexe schläferte mich so ein, daß mein Gewissen taubstumm wurde. Es war ein königliches Leben, das ich führte. Aber das Geld wurde all, und die Buhlerin verschwand, so wie die Goldstücke verschwunden waren. In der Bosheit meines Herzens that ich einen freywilligen schrecklichen Schwur, nie wieder einer solchen Syrene zu trauen; denn wen der Teufel ganz haben will, den laß er nur nicht ohne das Geschlecht. Ihr buhlerischer Blick zerstreut das Andenken an Sünden, ihr verführerisches Lächeln überschwemmt die Reue, und das Feuer ihrer Küsse brennt den edelsten Vorsatz zu unwirksamer Asche, spricht Tinto. Das war der Trost, den er mir gab, als ich ihm meine Leiden klagte, und nun saß ich wieder im Elend bis über die Ohren. Mußt ich nicht den zweiten Schurkenstreich begehen helfen?

Amorso (tritt ein.)

Amorso. Nun, gnädiger Herr, hat Tinto Trost gebracht? hat er nicht gefunden, daß es sehr bunt zugegangen?

Saldezzino. Er fand, er glaubte, daß Ihr — nein, er fand es wirklich sehr schlimm.

Amorso. Er fand, daß ich — Wie? gnädiger Herr, ich will nicht hoffen, daß ich in dem Verdachte stehe, als ob ich in einem Bündnisse mit diesen saubern Gesellen stände, die unsre Hausfreunde so mißhandeln? — Der Pater Tinto könnte mich wohl gar angeben. Nein, gnädiger Herr, da muß ich bitten, mir alles zu sagen. (für sich.) Sollte der auch ein Schelm seyn?

Saldezzio. Aengstigt Euch nicht darüber; ich bin noch so verwirrt, ich weiß nicht, was ich rede. Er sagte, es ginge hier sehr schlimm zu. Er sprach von dem Thurm da, der zwanzig Ellen unter die Erde geht. Ist das so?

Amorso (für sich.) Das ich nicht wißte. Aber ich will ihn dabey lassen. (laut) Ja, gnädiger Herr, zwanzig Ellen tief, und ein exekrables Loch.

Saldezzino (zitternd) Wirklich? Könnt' Ihr nicht den Eingang, die Oeffnung meyn' ich, vermauern lassen. Ich fürchte, daß ich — einmal hinunterfalle —

Amorso. Ja, gnädiger Herr, das will ich. Aber wollen Sie sie nicht erst sehen?

Saldezzino. Nein! nein! nein! (Er umarmt ihn.) Guter Amorso, thut das gleich; laßt es gleich vermauern. Und die Heiligen wollen wir wieder zusammenflicken —

Amorso. Repariren, wollen Sie sagen, gnädiger Herr; ja, auch das. Ich will Ihnen noch eins vorschlagen. Es ist ein Zimmer im Hause, da wagt kein Geist sich hin, selbst den ärgsten Verbrecher kann er dahin nicht verfolgen. Der vorige

rige gnädige Herr meynte, nur einer der so etwas begangen, wie ein Königsmord, der könne da keine Zuflucht finden, sonst alle. Wie wär's, wenn Sie sich in das Zimmer legten? — Ueberlegen Sie sich's, ich will indessen mauern und Heilige repariren.

(ab.)

Saldezzino. Bravo! Das Loch wird vermauert, und einen Königsmord hab' ich auch nicht auf dem Herzen. Ein Graf ist ja kein König. Lustig, Saldezzino, dein Freudenleben wird wieder angehen. Den alten Mann werd' ich in Gold einfassen lassen, und wenn's mir in den Kopf kömmt, so geb' ich Tinto nicht einmal ein gut Wort, läugne den Bruder ab, und behalte das Gut.

Rom.

Rom.

Palast der Gräfin Medina.

Gräfin. Lauretta. Hernach der Kardinal.

Gräfin.

Sie glauben nicht, Laura, wie froh ich bin, daß die gestrige Freude nach Ihrem Geschmack war, daß Sie nicht unbefriedigt den Ballsaal verlassen.

Lauretta. Gewiß, Gräfin, wäre mein Vater nicht so eingenommen gegen die vermummten Bälle, ich würde ihnen den Vorzug vor allen andern Lustbarkeiten geben. Es giebt da so vielerley, was sie schätzbar macht. Einmal kann man sich die Gleichheit der menschlichen Stände so lebhaft denken; dann der Mangel an Zwang, Freyheit im Bilde, die Sorglosigkeit im Beneiden, die besonders bey unserm Geschlechte so selten Statt findet; der Beobachtungsgeist wird geschärft, ohne daß man seinen Untersuchungen Einhalt zu thun braucht,

braucht, weil etwa dieser oder jener Ehrfurcht mit Aufmerksamkeit verlangt.

Gräfin. Und mich däucht, Ihre Seele war's nicht allein, die sich da beschäftigte. Sie tanzten ziemlich viel, Laurette, und nicht ohne Wärme —

Lauretta. Tanzen war mir immer Lieblingsleidenschaft. Nur fand ich noch nicht leicht Gelegenheit, so ungezwungen sie zu befriedigen.

Gräfin. Und vielleicht nicht so leicht Gegenstände, mit denen Sie sie so gern befriedigten. Laurette wird Ihrer Herzensfreundin kein Geheimniß daraus machen, daß Sie bey einem Tänzer mehr fühlte, als bey den übrigen, sich mehr anstrengte, leichter dahinschwebte, feuriger umherblickte, wärmer ihn betrachtete.

Lauretta. Geheimnisse! Wie könnt' ich die für Sie haben? Nein, Gräfin, ich läugne das nicht: aber ich muß mich auch rechtfertigen. Nicht blos der schöne Anstand des Mannes, und sein hervorstechendes Tanzen machte es, daß ich lieber mit ihm tanzte, besonders that es seine Bescheidenheit. Ich muß gestehen, Roms Stutzer sind ein wenig frey. Ihr Händedrücken, ihr Händeküssen, ihr heftiges Umfassen, ihre zudringlichen Näherungen könnten mich wider sie einnehmen. Mein Lieblingstänzer thut das alles auch, aber mit einer Zurückhaltung, die Ehrfurcht gegen unser Geschlecht blicken ließ.

Gräfin. Sollten Sie nicht etwas für ihn eingenommen seyn, Laurette? Dinge, die uns angenehmer sind, als andre, kommen uns auch oft bescheidner vor.

Lauretta. Mitleiden, Gräfin! Wie konnten Sie in der Lage, in welcher ich bin, wohl glauben, daß ich mich unterfinge, an Leidenschaft zu denken?

Gräfin. Das ist mir lieb, Kind, sehr lieb. Ob ich schon nicht zweifle, daß Rom etwas enthalten wird, was es Ihnen einst theuer macht. Obschon Ihre Lage so schnell sich ändern muß, daß Sie in keiner einzigen Sache darauf Rücksicht zu nehmen brauchten, so wünschte ich doch nicht, daß gerade Ihr Tänzer der Mann wäre, der Eindruck auf Sie gemacht.

Lauretta. (naiv.) Und warum nicht, Gräfin?

Gräfin. Verrathen Sie sich nicht, wenn Sie sich nicht verrathen wollen; aber um allen weitern Mißverständnissen vorzubeugen, so wissen Sie, Ihr Tänzer konnte, wenn Sie ihn auch dazu wählen wollten, nie Ihr Geliebter werden. Die Maske war mein Bruder, der Kardinal.

Lauretta. Ihr Bruder, der Kardinal, war auf dem Balle?

Gräfin.

Gräfin. Das darf ich freylich nur Ihnen sagen. Nur verborgen müssen solche Männer gewisse Lustbarkeiten genießen. Betrug er sich so, daß Sie ihn tadeln können, selbst da Sie wissen, er war der Kardinal?

Lauretta. Keinesweges. Wer Freuden fühlt, und, ohne Anstoß zu geben, im Verborgenen sie genießen kann, den table ich nicht. Und dann, Gräfin, bin ich gar nicht böse, daß es der Kardinal war. Es ist mir sogar lieb, daß es kein andrer war. Man ist schwach, und sollte ja meine Schwäche mich zu Aeußerungen verleitet haben, die einer Auslegung unterworfen wären, so könnte der Kardinal diese auf der besten Seite auslegen, da er meinen ganzen Dank und Erkenntlichkeit auf seiner Seite hat. Uebrigens aber, Gräfin, ist mir's immer ein wenig warm ums Herz, wenn ich meine Zuflucht bey einem so kurzen Aufenthalte in Rom schon zu dieser kleinen List nehmen muß, und hätten Sie mir nicht die Nothwendigkeit, sich ein wenig zu verstellen, so deutlich gemacht, so würde ich mich schon für verschlimmert halten.

Gräfin. Und ich will Sie damit trösten, meine kleine Schwärmerin, daß jedes Gefühl, das jezt bey Ihnen ist, Sie, vielleicht nur etwas später, in Pisa ergreifen mußte, daß Sie dort vielleicht

leicht offner gegen den, der es erregte, zu Werke gingen, und ohne eine Führerin leichter in Schlingen fallen konnten, denen Ihr Herz doch einmal ausgesetzt ist.

Lauretta. Wie soll ich darauf antworten? Ich kenne mich nicht, Gräfin. Ich muß mich Ihnen gänzlich überlassen. Ich weiß bey den verschiedenen Eindrücken, die hier auf mich wirken, nichts anders, als daß ich in einem Labyrinthe bin, worin ich nur um mich sehen, nicht den Weg finden kann, mich herauszuwickeln. Wollt' ich's läugnen, daß Ihr Bruder ein vorzüglicher Mann ist, daß er mir unter allen Männern, wie Apoll unter den andern Erdebewohnern steht, so müßte ich Ihr Zutrauen hintergehen. Ich fühle jezt ganz, daß mein Vater Recht hatte, wenn er uns schwache Geschöpfe nennt, daß er mich mit Recht für Rom warnte. Ich hoffe aber, dieser Ihr Bruder, den zu lieben Tugend ist, weil er die Tugend selbst ist, soll mich ganz sicher stellen, und sein Bild, das tief in meinem Herzen liegt, soll jedes andre Bild verdrängen, das etwa in diesem Herzen Eingang finden könnte.

Bedienter (tritt ein.) Der Kardinal! —

Kardinal (der ihm gleich nachfolgt.) Schon erholt von der gestrigen Schwärmerey, Gräfin? In der That, Laurette, Roms Luft thut gute

Wir-

Wirkung auf Sie. Sie haben die Nacht in ermüdenden Tänzen zugebracht, und die Rose Ihrer Wangen ist noch höher als gestern.

Gräfin. Schieben Sie das nicht allein auf Laurettens Gesundheit. Wir waren eben in einem Gespräch begriffen, wobey Ihrer eben nicht im schlimmsten gedacht wurde. Sie traten ein, und Lauretten trat das Blut in die Wangen.

Lauretta. Womit verdient' ich das, gnädige Gräfin, daß Sie meine Verlegenheit vermehren? Sie sollten meiner billig schonen. Ich will Sie aber eben so sehr bestrafen. Ew. Eminenz, Dero Frau Schwester haben mir alle Geheimnisse der vorigen Nacht entdeckt.

Kardinal. Nun, Laurette, dann hat sie Ihnen nichts gesagt, was Sie nicht am nächsten anginge. Meine Aufmerksamkeit begleitet Sie bis zu Ihren Lustbarkeiten. Sie sind mir von Seiten Ihrer und Ihrer guten Aeltern so werth, daß ich sogar wissen muß, ob Sie am Vergnügen auch Vergnügen finden, daß ich mich selbst bemühe, dieses Vergnügen mitzumachen, weil es dann vielleicht mehr Reize für Sie hat.

Lauretta. Mehr Reize, Ew. Eminenz, und mehr Sicherheit für mich, wenn ich es unter Ihren Augen genieße. Ich würde sagen, ich sehe Sie

Sie dann für meinen Schutzengel an, wenn Sie mir das erlauben.

Bedienter. Gnädiges Fräulein, Pater Tinto wartet in Ihren Zimmern, und wünscht Sie allein zu sprechen.

Lauretta. O gewiß Nachricht von meinen Aeltern. Kardinal, Gräfin, darf ich bitten? mein Herz fordert diese Unbescheidenheit. Darf ich mich entfernen?

Kardinal. Gehn Sie, wohin Ihr vortrefliches Herz, und mehr Anhänglichkeit, als Sie für uns haben dürfen, Sie ruft.

(Laurette küßt beiden die Hand, und geht ab.)

Gräfin. Nun, Herr Bruder, der Weg wäre richtig eingeleitet. Ich gestehe Ihnen, ich bin dieser seltsamen Tugend herzlich überdrüßig. Ich spiele eine Rolle, die ich Ihnen zu gefallen übernommen, die ich aber, und müßte ich Rom meiden, nicht zeitlebens spielen möchte. Ueberdem macht die Sache Aufsehen, ist in vieler Menschen Munde, und wird also auf vielerley Art ausgelegt. Man weiß sich nicht recht zu finden. Für hinterlistige Verführung eines Mädchens vom Stande zur Mätresse, dauert den großen Zirkeln, in die Laurette kommt, die Scene zu lange. Man geht dem Kardinal zu gefallen wohl Tage, höchstens

ſtens eine Woche, mit einer ſolchen Perſon um —
dann aber —

Kardinal. Geſtehen Sie nur, Schweſter, das Treiben iſt mehr Ihr, als meinetwegen. Iſt meine Stimme in Rom etwa ſo dumpf geworden, daß man ſie nicht mehr hören mag, oder gehöre ich zu den Jaherren im Purpur? Ich kenne doch Ihren Herzog, Gräfin. Er iſt nicht der ohnmächtigſte. Er hat Lauretten tief ins Auge gefaßt, und ich müßte ſchlecht ſehen, wenn ich nicht in ſeinen Augen meine Abſicht, von Ihnen gemalt, erblickte. Könnte er, liebe Medina, er würde bald machen, daß ich von meiner Eroberung zurückgehen müßte. Ich wäre nicht der erſte Kardinal, dem er einen Fund vor der Naſe weggenommen; aber ſie wäre die erſte, die man mir abgenommen, und der Herzog fürchtet ſich, die erſte Probe meiner Behandlung in dem Fall zu erfahren.

Gräfin. Aber wie mit der andern Partey, die Lauretten zu lieben anfangen, die ſie in der Geſellſchaft zu behalten wünſchten, die ſie gern in ihren Rang aufnähmen, und deren bey weitem die Anzahl größer iſt?

Kardinal. Sie könnten mir keine angenehmere Nachricht geben, als dieſe. Hören Sie denn meinen ganzen Plan, Gräfin. Ich wünſche Lauretten in eine glänzende Laufbahn zu verſetzen, und

Erſter Theil. H mein

mein ganzes Herz ihr auf ewig zu geben. Ihre Zuneigung zu mir ist schon groß, und wie bald wird Liebe daraus entstehen! Eine so reine Liebe, wie sie dann zu mir haben wird, ist mir so schmeichelhaft, ist etwas so seltenes, daß ich gewiß immer an ihr hangen werde. Den Titel einer Fürstin kann der heilige Vater mir nicht versagen, denn noch nie habe ich ihn um etwas gebeten.

Gräfin. Sie vergessen, Kardinal, daß zu dem allen des Mädchens Einwilligung gehört, und noch mehr der Aeltern Einwilligung, daß, sobald Sie den Vater hieher ziehen, dieser alte Starrkopf um Laurettens willen der Anhänger so viel haben könnte, daß Sie darüber weichen müßten.

Kardinal. Die Bemerkung ist nicht ohne Grund, Gräfin; aber dem wollen wir vorbeugen.

Gräfin. Wodurch, ist leicht zu sehen, aber nur bald. Das Mädchen ist in der That verliebt. Sie weiß es nur noch nicht. Lassen Sie diesen Zeitpunkt vorüber, so haben Sie den Entzündungspunkt versäumt. Lassen Sie sich rathen. Diese Bälle, die Lauretten so sehr behagen, sind gerade kritisch. Wie könnte es Ihnen fehlen, das Mädchen voll Temperament, dessen Folgen sie noch nicht kennt, so warm zu machen, daß sie sich, ihren Stand, ihre Tugend, und alles, was nach dem Augenblicke, in dem sie lebt, folgen wird, vergißt?

gibt? Ich wollte Ew. Eminenz wohl hiezu ganz behülflich seyn, allein seit der lezten Erinnerung wegen der Schlagflüsse im Medinaschen Hause, habe ich eben nicht Ursache zu trauen.

Kardinal. Die ich doch wohl nur anbrachte, um Sie zu disponiren, sich meiner Leidenschaft anzunehmen.

Gräfin. Wohl denn, Kardinal, Sie dürfen nur ein Wort der Güte sprechen, und ich bin schon überwunden. Hier haben Sie eine Arzeney, die nicht Leidenschaft dämpft, sondern erregt. Es ist eine Mixtur, welche die Wollust erfand, um der Tugend auch nicht den entferntesten Sieg über sich zuzugestehen. Wäre die Erfindung in Herkules Zeiten gefallen, so würde man sich nicht einmal getrauet haben, das Mährchen von ihm zu Markte zu bringen. Geben Sie sie in einem warmen Augenblicke Lauren, und ich bin Ihnen gut dafür, Sie verlassen sie nicht unbefriedigt.

Kardinal. Das Geschenk nehm' ich an, und will es Ihnen auch bezahlen. Sie haben lange diesen Schmaragd gewünscht. Er ist vom ersten Feuer. Nehmen Sie ihn zum Andenken von mir, daß Sie mir einen wichtigen Dienst erwiesen.

Gräfin. Und nun außer dem Danke noch einen Wunsch. Sie wollten vom heiligen Vater eine Fürstin erbitten. Laurette wird mit der Gräsin vollkommen zufrieden, und Ihrer Schwester wird die Fürstin angemeßner seyn.

Kardinal. Sie nehmen die Hand, Gräfin, wenn man Ihnen den Finger giebt. Für Lauretten ist nichts zu gut. Zwar brauchte sie nicht Fürstin zu seyn, denn „Signora, wenn die Geliebte eines Kardinals kömmt, muß Ihre Equipage weichen; allein gegen das, was mich liebt, knickere ich nicht gern. Den Gedanken lassen Sie sich also vergehen. Wären Sie nicht meine Schwester, und hätten, den Ihrigen ohnbeschadet, Laurettens Reize, und ihre Unschuld, dann, Gräfin — doch was sprechen wir weiter darüber! Uebermorgen, liebe Medina, eine Redoute, so glänzend Sie sie nur geben können, und so lange Adieu, denn ich muß auf's Land.

(ab.)

Gräfin. Der Weg wäre verfehlt. Lieber Herr Bruder, Sie haben aber nicht bedacht, daß es deren mehrere giebt, daß Sie nicht der einzige sind, der um so etwas bitten kann. Die Sache mit dem Kammerdiener ist vorüber. Was Sie nicht thut, thut vielleicht — Wenn ich von den hunderttausend Scudi des Herzogs Fürstin werden könnte, so fänden sich wohl andre Goldminen. Rechnen Sie mir es also nicht zu, wenn die Freuden der ersten Nacht vor Ew. Eminenz vorübergehen

hen — Aber da ist Lauretta schon wieder. Ich finde nun die Schönheit nicht an ihr, die halb Rom bezaubert. Und ihre ekle Strenge ist lächerlich, und doch hasse ich um ihrer Tugend, und um ihrer Zudringlichkeit willen an mich, sie doppelt. Verlachen sollt' ich sie, und bald werd' ich's können. Aber ihr Anblick ist mir Gift.

(Laurette tritt ein, die Gräfin eilt ihr mit offenen Armen entgegen.)

Bestes Mädchen! Jeder Augenblick ist mir peinvoll, den Sie nicht bey mir zubringen. Aber Sie haben geweint? —

Lauretta. Thränen der Rührung — Aeltern geweint, die mich so zärtlich lieben; einem Vater, der, nachdem er alles verloren, mich nur bittet, zu ihm zu kommen, und der dann alles, was er verloren, gern vergessen will. Liebe Gräfin! so zärtlich muß noch keine Tochter geliebt seyn; der Werth, den man auf mich setzt, hat mich mein Herz erforschen lassen. Ich finde, daß ich hier in Rom viel vergnügter war, als ich hätte seyn sollen, daß ich frohe Augenblicke genießen konnte, während daß die besten Aeltern trauerten. Sehen Sie, Gräfin, mein Vater, er, der seiner Tochter befehlen konnte, bittet mich, zu ihm zurückzukehren. Lassen Sie mich die Bitte meines Vaters in ihrer ganzen Stärke auf Sie übertragen.

Grä-

Gräfin. Warum besteht er aber so dringend auf Ihre Entfernung?

Lauretta. Verzeihung, Gräfin, wenn ich Ihnen, der Vertrauten meiner Seele, nichts verhehlen kann. Der andre Theil seines Briefs enthält nichts als Besorgnisse. Er fürchtet, — er ist zu wenig mit Rom bekannt, Gräfin, — er fürchtet, ich bin nicht in den besten Händen. Er fürchtet Sie und den Kardinal. Ich möchte ihm gern diese Furcht zerstreuen. Seine Zärtlichkeit gegen mich ist zu groß. Ich kann mir seine Angst denken — Er warnt mich für Gold, unter welchem Gift verborgen läge. Werden Sie aber auch zürnen, Gräfin, daß ich Ihnen das so offenherzig wiedersage?

Gräfin. Zürnen, Kind? Nicht einmal verdenken kann ich's Ihrem Vater, daß er das glaubt. Ich habe Ihnen ja Rom geschildert. Wären Sie in irgend einem andern Hause, als in dem meinigen, ich würde ihm selbst sagen: Kampano! nehmen Sie Ihre Laurette weg, das Mädchen ist zu unschuldig. Der Verstellung ist in Roms Mauern zu viel für solche Offenheit. Sie hält Menschen für tugendhaft, die es nicht sind. Sie glaubt alles, könnte sich zu allem verführen lassen, ohne zu wissen, es sey Unrecht, weil sie Unrecht nicht kennt. Laster kann sich dem, der Laster nicht kennt, leicht

im

im Mantel der Tugend hüllen — O Laurette! Sie halten viele Menschen für ehrlich, von denen ich weiß, sie sind's nicht. Sie halten viele für aufrichtig, die nur mit der Politik es spielen, die Umstände zwingen, ihre wahre Gestalt zu verbergen.

Lauretta. Ich kann's nicht über mich vermögen, den Menschen schlecht zu denken, der sich mir noch von keiner schlechten Seite gezeigt.

Gräfin. Ich will einen Vorschlag thun. Ich habe hier nur noch das Ende einer einzigen Geschichte abzuwarten. Zwey streiten um den Besitz eines Guts. Wenige Tage müssen entscheiden, wer der Glückliche ist. Ich bin gewissermaßen Schiedsrichterin. Mein Vortheil, mein Interesse ist bey jedem der beiden das nämliche. Jeder wendet jetzt Mühe an, zu siegen. Es gelinge der Sieg, wem er wolle, so bin ich von dem Augenblick an frey. Ich werde dann im Stande seyn, selbst mit Ihnen zu Ihren Aeltern zu reisen.

Lauretta. O wenn Sie das wollten! Da würden Sie den Nebel zertheilen, der Sie so ungerecht verhüllt; würden in Ihrer wahren liebenswürdigen Gestalt sich diesem vortreflichen Kampano zeigen, und den alten Vater von seinem Vorurtheile heilen.

H 4 Grä=

Gräfin. Ja, Laurette, er soll mich sehen, wie ich bin. Er soll den Kardinal sehen, wie er ist. Dann wollen wir ihn mit hieher nach Rom nehmen, er wird schon sein Vorurtheil fahren lassen. Es wird ein Freudenleben werden, wie es noch keins gewesen, und meine Laurette wird in Wonne schwimmen. Schreiben Sie das gleich. Ich muß Sie auf eine Stunde verlassen.

(Küßt sie, und geht ab.)

Lauretta. O Vorstellung dieser Seligkeit! Wirke doch mächtiger auf mein Herz! Warum bleibt es immer noch kalt? Vater! Mutter! nur ihr könnt es erwärmen. Tinto predigte mir eure Ruhe: aber dein Brief, Vater, widersprach dem. Sollte man denn wirklich in einem Paradiese auch unglücklich seyn können? Nein, meine Aeltern noch hier, und es ist vollkommen!

Kampano's Landgut.

Saldezzino's Schlafzimmer.

Es ist Nacht, Saldezzino liegt im Bette, und schläft. Es geschieht ein fürchterlicher Schlag. Hernach erscheinen zwey Schatten und ein verkleideter Teufel.

Saldezzino (erwacht vom Schlafe.)

Ha! was war das? — Ein Gepolter! ein Schlag! (Es poltert wieder vor der Thüre.) Draußen! draußen! Draußen können sie sich immer lustig machen, aber hier herein nur nicht. Nur nicht herein — Meine Herren, dieß ist ein geweihtes Zimmer, und ich bin unschuldig.

(Ein Schatten fährt aus der Erde mit einer Flamme herauf.)

Jesus! Maria! Joseph! Was ist das — was wollt ihr hier? Ich bin ja unschuldig. Ich habe keinen König gemordet. Fahr du immer wieder hin-

hinab, guter Schatten! Ich kann dir nicht helfen, wenn du etwa einen König ermordet haſt, und biſt hier erſchlagen worden, ich kann nicht davor.

(Der andere Schatten fährt hervor.)

Heiliger Franz! noch einer — Wirklich ich muß nur Muth faſſen, ſie ſtehen ja ganz ſtill. Ich bedaure — aber Sie ſind in der That gar keine Geſellſchaft für mich. Wir ſtehen in keiner Parallele. Welche ſchulgen haben Sie denn ermordet? — Sie können nicht einmal antworten. Meine Angſt vergeht. „Ich bedaure die armen Teufel —

(Bey dieſen Worten fährt der verkleidete Teufel von oben herab.)

Weh mir! Warum nannte ich den unglücklichen Namen! — Nimm ſie nur, nimm ſie nur, und mach, daß du wieder fort kömmſt —

Teufel. Dich werd' ich holen, Saldezzino —

Saldezzino (iſt mit einem Sprunge aus dem Bette an der Thüre.) O weh, verſchloſſen — Amorſo! Amorſo, mich — mich — (Er fällt vor dem Teufel auf die Knie.) Lieber Teufel, beſter Teufel, was hab' ich dir gethan? Womit hab' ich dich beleidiget?

Erſter Schatten. Du haſt einen König gemordet.

Saldezzino. Bey meiner armen Seele, es war nichts weiter, als ein Graf.

Zwei=

Zweiter Schatten. Des Grafen Schicksal in die Zukunft war glänzend. Der spanische Hof wollte ihn nach Indien befördern. Er wäre nicht blos Vicekönig geworden, indische Völker hätten ihn zu ihrem Regenten erwählt. Er hätte Tausende glücklich gemacht.

Saldezzino. O ihr lieben Herren, wie konnte ich das wissen?

Teufel. (breitet seine Krallen aus.) Soll ich ihn anpacken, fortführen durch die Lüfte, so schneidend, daß sein Körper sich faserweise mit brennendem Schmerz nach und nach losreißt, und ich nur die Seele zuletzt behalte? Oder soll ich ihn hier zerreißen und schwarz brennen, daß die Welt das grause Beyspiel sehe? Das Rad ist Seligkeit gegen meine Martern —

Saldezzino. O weh, so laßt mich lieber rädern.

Teufel. Glühende Zangen sind nichts gegen diese meine Arme, wenn ich dich hineinfasse.

Saldezzino. So überlaßt mich doch der lieben Gerechtigkeit, daß sie mich zwicke.

Teufel. Die Inquisition verfährt gnädig mit ihren Schlachtopfern, ich nicht.

Saldezzino. Ja, der Inquisition gebt mich, da kann ich mich doch vielleicht noch loslügen. Aber, Herzensteufel, es muß ja doch Leute geben, die du lieb hast. Habe mich doch lieb. Ich will ja alles

les für dich thun. Ich will wuchern, daß den Leuten die Haut weh thun soll, ich will stehlen, daß noch nie ein Dieb mir gleich gewesen seyn soll. Ich will morden, das man soll Zeter über mich schreyen. Mach mich zu einem deiner Aufwärter hier auf Erden, wie du schon welche gehabt hast. Laß dann mich die Gerechtigkeit für meine Thaten belohnen, und in jenem Leben mich einen Teufel werden, wie du es bist. – Ich will alles peinigen, wie du mich peinigst.

Teufel. Bube! du bist für einen Teufel zu schlecht. Die Hölle dankt für deines gleichen.

Galdezzino. O weh! Was soll denn aus mir werden?

Erster Schatten. Ein Mittel ist noch da, dich zu retten. Aber auch nur das einzige. Du besitzest Kampano's Gut mit Unrecht. — Gesteh ihm alles, jede Büberey, die vorgegangen ist.

Teufel. O daß ihr ihm das Mittel entdeckt, sich zu bessern! Ich dachte schon einen Braten zu haben, den ich einmal nach Herzenslust quälen könnte. Ich hätte ihn langsam brennen lassen, und ihn dann wieder erquickt, damit er die Marter von neuem gefühlt hätte. Ich hätte ihn an einen Spieß gesteckt, und täglich hundertmal in einem Athem herumdrehen lassen. Ich hätte jedes seiner Haare zum stechenden Scorpion gemacht,

macht', und auf jeden Stich hätte er sich selbst heilende Salbe mit dem Bewußtseyn streichen müssen, daß der Schmerz schnell wiederkehre. Seine Zunge hätte nicht aufhören sollen zu lechzen, sein Gaumen für Dürre zu platzen. Gift hätte sollen seine Speise seyn, und Gegengift sein Trank.

Saldezzino. Schweig mit deinen Plagen. Laßt ihn kommen, dem ich alles entdecken soll, oder wollt Ihr es wissen? Nur schnell, daß ich den gräßlichen, o den lieben Teufel los werde, der es so gut mit mir meynt.

Zweiter Schatten. Kriech in dein Bette. Rühr dich nicht. Erwarte die Ankunft Kampano's und Amorso's. Dann gesteh alles — Wo nicht — so erscheinen wir wieder.

(Alles verschwindet mit Blitz, Rauch und Donner.)

Saldezzino. Sie sind fort — wirklich fort. Nun, Tinto, mach was du willst aus mir, ich gestehe alles.

Amorso und Kampano (treten ein.)

Amorso. Das war schrecklich, gnäd'ger Herr — Den Herrn Kampano da haben sie auf einem feurigen Wagen hergeführt. Hätten Sie mir erst gebeichtet, so hätten Sie das Unglück nicht gehabt.

Sal=

Saldezzino. Ja, Amorso, ich wollt', ich hätt' es gethan, aber ich war — ach, Kampano, Vergebung!

Kampano. Vergeben kann ich leicht, wenn Sie mir meine Seligkeit wiedergeben. Sagen Sie mir, warum Sie mich so schändlich um mein Gut brachten?

Saldezzino. Ich that's nicht. Tinto war's. Ich habe nur meinen Namen hergegeben.

Kampano. Wer? Tinto! Nennen Sie den Namen noch einmal. Höre ich auch recht? Tinto?

Saldezzino. Ja, Tinto — Ihm gehört's — Er ist mein Bruder —

Kampano. Tinto Ihr Bruder! O ihr Strafen der Ewigkeit, seyd ihr denn schon auf diese Erde gekommen? Kann es solche Ungeheuer geben? Aber was zaudre ich hier? Habe ich etwa schon alles wieder, was ich verloren hatte? Ich darf ja nicht zweifeln, daß, wer dieses feine Bubenstück anlegen konnte, ein weit ärgeres zu bereiten im Stande war. — Laurette! wie der Name hier in meiner Stirn brennt! Wie es bis zur Seele bringt, daß ich diesen Schatz verschleuderte! — Ja — er weiß vielleicht auch etwas — Bruder eines ausgearteten Ungeheuers, weißt du, was man mit dem Mädchen vorhat?

Sal-

Saldezzino. Ich weiß nichts davon.

Amorso. Rede, oder gleich wird der Teufel wieder erscheinen, und vollführen, was er nur drohete.

Saldezzino. O weh! Ich will gern sagen, was ich glaube. Der Kardinal — Tinto war immer sein Geschäftsträger in der Liebe. Von jeher führte er ihm die Schlachtopfer zu.

Kampano. Da liegt es ja ganz offen da, das Räthsel, was ich Dummkopf zu entwickeln nicht im Stande war. Ha! sie schauete schon tiefer hinein, und ihr glaubte ich nicht. Ich will nach Rom, ich will das Complott zerstören, ich will den heiligen Bösewicht entlarven, daß er bloß dastehen, und sich seiner Blöße schämen soll. Standhaftigkeit von oben her, verlaß mich nicht! Steh du mir bey, stoische Kaltblütigkeit! damit ich ihnen dreist unter die Augen trete, daß sie durch meine Rechtschaffenheit verblinden, und keinen Ausweg sehen, aus dem Netze sich zu wickeln, das ich um sie schlingen will. Guter Amorsy, laß schnell bereiten alles zur Reise nach Rom. Wir wollen ein Fest halten, wie noch niemand es vor uns gehalten. Wir wollen das Heiligthum gegen das Heiligthum aufwiegeln, wir wollen den Schwelgern das Gelübde der Keuschheit so auslegen, daß ihnen die Ohren weh thun. Der Stuhl Petri soll

von

von den Schandthaten derer erzittern, die auf ihm sitzen sollen, der heilige Vater soll seines gleichen in den Bann thun. Zum erstenmale soll ein Kardinal die Unschuld nicht ungestraft verführt haben, denn ich will zum Mörder an dem Schänder des Purpurs werden. Ich will selbst mein Mädchen an ihm rächen, ich will selbst diese tugendhafte Gräfin brandmarken, und stehe ich dann auf dem Schavot, so will ich's Rom zuschreyen, daß ich der heuchelnden Heiligkeit den Schleyer aufgedeckt, und daß jeder rechtschaffne Vater mir nachfolgen soll — Geh, Amorso, mach, daß wir schnell reisen können.

Amorso. Herr! Ihr seyd zu hitzig. Laßt mit Euch reden. Recht spornt Eure Einbildungskraft. Es ist ein altes, aber wahres Sprichwort: Keine Krähe hackt der andern das Auge aus. Verlaßt Euch drauf: Kein bepurpurter reißt dem andern seinen Purpur ab. Das Heiligthum Roms ist für Euch ein unzugängliches Ding. - Ihr geht aufrecht, und dahin kann man nur kriechen. Wer das nicht thut, den treffen die Schwerter, die auf alle gerichtet sind, die ihren Rücken nicht krümmen können. Das Gelübde der Keuschheit predigt man nicht, wo Zechinen sich häufen. Der Bettelbruder hält's nicht, wie sollte es der Kardinal halten? Der heilige Vater, der über Schwachheiten erha-

ben

den ist, weiß sehr wohl, daß seines gleichen Menschen sind, und wenn er den Bösewicht als Bösewicht erkennt, wird er den Kardinal als Bösewicht der Welt zeigen? Am Beyspiel liegt alles, und der religiösen Politik keinen Stoß zu geben, opferte man wohl zehen Kampano's auf. Der Dolchstich am Kardinal würde auch nichts helfen, und euer Brandmarken rührt keine Gräfin Roms. Auch das Schavot würde man Euch verweigern. Solche Stimmen macht man im Stillen stumm.

Kampano. Du bist aus dem Blinden der Sehende geworden, und ich an deiner Statt blind. Konnte ich denn nicht begreifen, und war ich wirklich willens, eine solche Thorheit zu begehen? Und rechnete ich gar nichts auf Lauretten? Es ist wahr, ihre Unschuld ist zu hintergehen. Aber so schnell? Wart, Amorso, wir wollen List gegen List stellen. Erlaubte List gegen unerlaubte stehen wie Wahrheit und Lügen. Ist sie nur einmal wieder hier, so lache ich des gierigen Kardinals, der verschmitzten Gräfin, und des höllischen Paters. Schick' zu Gabrielen, laß sie herkommen, laß Ihr sagen, alles sey entdeckt. Ich will Lauren schreiben, ich sey krank, und wenig Hoffnung zum Leben mir übrig. Das Mittel wirkt gewiß. Man glaubt dann, sie werde desto eher wiederkommen, denn eingenommen hat sie die sündige Brut ganz für sich.

sich. Ha! wie will ich dann lachen und frohlocken, daß sie da ist. Sie mögen wüthend werden, sie mögen meinetwegen mit ihren Zähnen mich anfallen, und sollt' ich einen Theil meines Fleisches ihrem Bisse zurücklassen, so will ich doch mit meinem Mädchen ihnen entfliehen, will sie in meinen Armen davon tragen, und lieber in einer Wüste bey Wasser und Brod ihre Unschuld erhalten, als daß sie Mittel werden sollte, die Religion zu schänden, und den Lüsten eines Pfaffen zu dienen, für den mein Hund mir zu theuer ist.

Amorso. In diesen Plan stimme ich ein. — Und was soll ich mit diesem Marterholze der Bosheit anfangen?

Kampano. Sperr' den armen Schächer indessen ein. Er war nur Werkzeug der Unmenschlichkeit. Füttere ihn zeitlebens, damit er nicht bey mehreren Bubenstücken mitzuspielen braucht. Der Rache ist er unwerth, und für die Gerechtigkeit zu unschuldig.

(Alle ab.)

Rom.

Rom.

Palast der Gräfin Medina.

Gräfin. Herzog.

Gräfin.

Er hat unser Geheimniß schon errathen. Ihre Blicke auf Lauretten, Herzog, müssen zu feurig gewesen seyn. Aber der Kardinal scheint sie nicht zu fürchten. Er glaubt, an ihn als Nebenbuhler wagten Sie sich nicht.

Herzog. Oeffentlich werd' ich mir auch in der That nichts mit ihm zu schaffen machen, aber heimlich, Gräfin, halt' ich dafür, meine Scudi können immer noch so viel wirken, als seine Gestalt. Es wäre nur Vergeltungsrecht, wenn ich ihm diese abnähme — Vergeltungsrecht für Mariettinen. Ich will nicht ehrlich seyn, wenn das Mädchen mich nicht schon tausende kostete, ehe ich nur einen Kuß erhalten hatte, und das erstemal wie ich ihn bey ihr überraschte, fand ich sie in einer so sorglos wollüstigen Stellung, daß ich beynahe gezwungen worden wäre, die Augen niederzuschlagen. Der Kardinal — nichts weniger als das. Er lachte; ich nahm meine Partie so gut ich konnte, wünschte ihm Glück, der begünstigtere Theil zu seyn, wir soupirten zusammen, und ich war gefällig genug, nicht einmal meine aufgewendeten Tausende wieder zu begehren. Ich hoffe, der Kardinal würde diese Gefälligkeit erwiedern, wenn ich glücklich genug seyn sollte, zu siegen.

Gräfin. Ob das möglich seyn könnte, wollen wir dahin gestellt seyn lassen. Hier ist aber davon nicht die Rede. Laurette kann nicht erobert, sie muß überrumpelt werden. List muß den Weg bahnen, Temperament die Wirkung hervorbringen. Ein Mittel der ersten Gattung hab' ich dem Kardinal angegeben. Also kann ich's Ihnen nicht mittheilen. So viel aber kann ich Ihnen sagen: Es ist für Sie, wenn Sie aufmerksam sind, so gut wie für den Kardinal anwendbar.

Herzog. Und Ihre reiche Erfindungskraft sollte nicht noch eines andern Meister seyn? Die Gräfin Medina ist ja dafür bekannt, daß sie durchzusetzen weiß, was sie will. Und sollte ich nicht einer besondern Gefälligkeit von ihr werth seyn?

Gräfin. Allerdings, Herzog, sind Sie das. Ich gestehe gern, daß Sie einst Ihr ganzes Feuer mir zollten, daß ich keinen eifrigern Anbeter hatte,

kei-

keinen vermögendern Liebhaber. Aber das könnte sich heben. Ich bezahlte Hitze mit Glut, Wollust mit muthwilligem Ueberfluß. Medina wußte nicht, welchen Vorgänger er gehabt hatte. Ob ich nicht auch bey Ihnen sehr im Vorsprunge stand, als ich sagte, den Liebhaber wollte ich nicht Gatten nennen, weiß ich nicht. Seitdem aber hat sich das Blatt gewendet. Sie haben meinen Bedürfnissen so oft abgeholfen, daß ich Ihnen gewissermaßen mich, wenigstens meinen ganzen Verstand schuldig bin, sobald er Ihnen dienen kann.

Herzog. Liebe Gräfin, Sie sind stark in Schmeicheleyen. Weniger Worte, und mehr Reaität, dächte ich, sollte im jetzigen Falle wirksamer seyn.

Gräfin. Sie sind ungestüm; aber wenn Leidenschaft das bey euch Männern wirkt, so müssen wir nachgeben. Wohlan! Ich habe für Sie etwas ersonnen. Aber einige Tage lassen Sie mir Zeit. Ich besitze ein Geheimniß, eines Zimmers Duft so wollüstig zu machen, daß man schwerlich widerstehen kann. Für eine Unerfahrne ist das freylich nicht genug. Allein ich werde in Laurettens Blut bey der Abendmahlzeit so viel Feuer zu legen wissen, daß ihre Seele sich nicht bewußt bleibt. Sie erhalten eine geheime Thüre, gehen in ihr Cabinet, bedienen sich der betäubten Stunde. Ich gebe Ihnen ein Pulver, das Sie kurz vor Ihrem Abschiede ins Bette streuen. Sie wird schnell einschlafen, Sie entfernen sich, und wenn sie erwacht, muß alles Traum gewesen seyn.

Herzog. Ueberreden können Sie schön, wenn der Erfolg immer so entspricht.

Gräfin. Zweifeln Sie? Fragen Sie, was in Rom nicht möglich wäre? Wo man des Menschen Leben auf Sekunden auszählen kann, wo man die Kunst versteht, Männern Mannskraft zu nehmen, ohne sie zu berühren, da soll man Weiber nicht so weit bringen können, daß sie nicht wissen, was sie thun? Und die Gräfin Medina wüßte nicht alles, was unser erfindungsreiches Jahrhundert hierin aushecket? Herzog, Sie sind ein schlechter Weiberkenner.

Genug davon. Uebermorgen ist Redoute, eine merkwürdige Redoute vielleicht. Mehr kann ich Ihnen nicht sagen. (ab.)

———————

Rom.

Rom.

Palast der Gräfin Medina.

Ballsaal.

Viele Masken. Musik. Tanz. Zwey Masken treten vor.

Maske.

Entzückende Göttin! Nein, nie können schon so viel Reize, so viel Verstand, so viel Güte in Einer Person vereinigt gewesen seyn. Nie, Laurette —

Lauretta. Halt, mein Herr. Wer sagte Ihnen meinen Namen?

Maske. Hörte man den nicht in Rom, seitdem Sie hier sind, allenthalben wiedertönen, oder ist Laurette denn nicht der Wundername, den jeder ausspricht, wenn er einen Inbegriff von Seligkeit nennen will? Bezaubern Sie nicht alles, was Sie sieht? und könnte es einen Menschen in Rom geben, der wüßte, was Schönheit sey, und nicht Sie zum Ideal derselben annähme?

Lauretta. Bey so vergifteuden Schmeicheleyen sollte ich Sie billig verlassen. Doch ich will einmal glauben, Sie wollen versuchen, wie schwach ich bin. Das beyseite gesetzt, es muß jemand hier mich Ihnen verrathen haben, denn meine Verkleidung —

Maske. Zu schwacher Schutz für Ihre Verdienste, für das Ausgezeichnete, was Sie allenthalben begleitet. Verhüllen Sie sich, wie Sie wollen, und man wird Sie kennen. Eine Wendung verräth in dem Anstande, den Sie ihr geben, Lauretten. Und verhüllen Sie etwa auch diese sprechenden Augen? Ja, Laurette, billig sollten Sie sie verhüllen, denn die Verwüstungen, die Sie damit anrichten, sind grausam.

Lauretta. Wie soll ich diese Veränderung auslegen, mein Herr? Erst sprachen Sie so bescheiden, sprachen über Gegenstände, die einen Mann von Kopf und dem besten Herzen verriethen.

Maske. Ist denn das unbescheiden gesprochen, wenn man das, was man so tief fühlt, sagt? Verräth es Mangel an Kopf, die Schönheit schön zu finden, Mangel an gutem Herzen, zu gestehen, man fühle sich verwundet? Oder, himmlisches Mädchen, glauben Sie, man sey ganz ohne Gefühl,

fühl, wenn man eine Stunde mit Ihnen verplaudert hat, wenn man, nachdem man vorher schon Augenzeuge nie zu vermehrender Reize war, nun auch hört, daß nicht, parischem Marmor gleich, die schönste Huldgöttin Stein und kalt ist, daß sie Gefühl für alles Schöne und Edle hat, daß sie Beurtheilungskraft mit reifem Verstande verbindet? Alles, Laurette, hab' ich an Ihnen bewundert, aber diese Strenge — doch ja — ich kann sie mir erklären. Es giebt geheime Sympathien — nichts ist gewisser. Sie bringen Menschen zusammen, und trennen Menschen. Diese mangelt, um uns zu vereinigen. Leben Sie wohl, Laurette, ich bin der unglücklichste unter allen Männern! —

(Verschwindet unter die andern Masken.)

Lauretta. Wahr oder nicht wahr? Phantasie oder Gewißheit — genug, es hat mein Innerstes erschüttert. Das war nicht Sprache der Verstellung, nicht Sprache der Schmeicheley. Das kam vom Herzen, und könnte wohl zum Herzen gegangen seyn, wenn — Ja, es muß Sympathien geben. Du hast Recht, Mann mit dem beredten Herzen — auch ich fühlte schon so etwas davon — Und wenn nun diese Sympathie nicht du wärst? Kennen muß ich ihn. Fort, in ein

Nebenzimmer, vielleicht geht er mir noch einmal nach.

(ab.)

Gräfin Medina. Eine andre Maske.

Maske. War das der Kardinal?

Gräfin. Auf Ehre, Herzog, ich weiß es nicht. Schon dreymal hat er den Anzug verändert. Er muß muthmaßen, ich könnte zur Verrätherin an ihm werden. Aber bin ich nicht ein schwaches, elendes Geschöpf! Ich liebe Sie, und trage selbst dazu bey, eine andre Ihnen zuzuführen.

Maske. Alltäglichkeiten, Gräfin, müssen Sie mir wenigstens nicht sagen. Sie wissen, wie weit wir gekommen sind, wissen, daß wir von beiden Seiten nicht geschaffen, nicht erzogen, nicht in dem Stande sind, daß ewiges Einerley uns behagen könnte. Sie wissen den Preis, den ich auf Ihren Beystand gesetzt habe. Hunderttausend Scudi, wenn ich dem Kardinal zuvorkommen kann.

Gräfin. Noch einmal, Herzog, davor kann ich nicht stehen. Aber wär' es denn das erstemal, daß ein Herzog einem Kardinal nachfolgte? Und glauben Sie, daß nicht vielleicht die zweite Zusammenkunft der Freuden mehr gewähren könnte, als die erste? und daß der Preis dafür nicht der nännnämliche zu seyn verdiente? Und daß es mindere Mühe kosten würde, diesen zweiten Schritt zuwege zu bringen, ■ der erste durch Liebe und Ueberraschung entschuldigt wird, und diesen nichts entschuldigen kann?

Maske. Wenden Sie alle Ihre Beredsamkeit an, Gräfin, und Sie werden mich nie überzeugen. Sie kennen die Delikatesse der Wollüstlinge Roms. Mädchen sind allen übrigen Waaren gerade entgegen gesetzt. Diese steigen, in je mehr Hände sie kommen. Jene fallen im Werth. Es geht ihnen wie einmal getragenen Kleidern. Mit 33 Procent kauft man sie. Und des Kardinals Mätresse ist in der That mit 33,000 Scudi noch zu theuer bezahlt.

Gräfin. Also geb' ich die Unternehmung auf, sobald ich überzeugt bin, Sie können nicht der Erste seyn.

Maske. Ich will die Summe auf 50,000 vermehren, weil es Laurette ist. Warlich, Gräfin, ich sah noch nie so viel Einnehmendes.

Gräfin. Kann ich indessen auf einen Theil der Summe auf Sie ziehen?

Maske. Nicht auf einen Scudi. In dem Punkte bin ich eigensinnig. Ich gebe nie voraus. Aber wo sind beide hin?

Grä-

Gräfin. Sie haben sich unter die Masken verloren. Sie thun immer wohl, wenn Sie sie ein wenig beobachten; verhindern können Sie wenigstens dadurch die Möglichkeit, daß sie heute einig werden, obgleich keine Wahrscheinlichkeit dazu da ist.

Maske. Ich will mit Luchsaugen sehen, und, Gräfin, über die Verbesserung ihrer Finanzen geb' ich Ihnen noch das Versprechen, ich kehre nach Laurettens Besitz mit allem Feuer ehemaliger Leidenschaft wieder zu Ihnen zurück.

(entfernt sich.)

Gräfin. An deiner abgestumpften Leidenschaft, guter Herzog, wäre mir nun sehr wenig gelegen. Desto mehr, wenn ich einen Schlüssel zu deinem Geldkasten erhalten könnte. All mein Reichthum ist immer nicht zureichend, meine Wünsche zu befriedigen. Wüßte ich, daß es mit Lauretten lange dauern könnte, ich würde rasend. Jede Eroberung zieht sie in ihr Gebiet, in das Gebiet einfältiger ländlicher Grundsätze, und einer fast bäurischen Schönheit. Ha! wie will ich auf dich herabsehen, wenn du erst Eines oder des Andern Opfer bist! Für mich in jedem Fall gleich wichtig. — Und es müßte schlimm seyn, wenn nicht jeder von ihnen zu betrügen wäre. Sey also der Betrogne, wer will, wenn er es nur nicht merkt. Hab' ich

keine

keine andre Rache an deinen Vorzügen vor mir,
so ist es die, daß du mir zur Goldgrube dienen
sollst.

Nebenzimmer des Ballsaals.

Lauretta, die Maske vom Gesicht. Hernach
die erste Maske.

Lauretta.

Wie das klopft! Wie das sich ängstigt! Dergleichen Unruhen hatte ich in Pisa nie. Und doch
sind sie bey allem Schmerzhaften süß. Seidem
ich hier in Rom bin, ist ein Gefühl in mir aufge-
stiegen, das von so weitem Umfange ist, daß ich's
nicht zusammen zu fassen vermag, und wenn ich's
nach aller Möglichkeit drängte. O wie gern möcht'
ich wissen, was es eigentlich ist! — Er kömmt
noch nicht! — Warum ängstigt mich denn das?
— Er war es gewiß nicht. Nein! er hätte das
nicht sagen können. Aber warum macht dieser
Schein der Unmöglichkeit mich traurig? — Es
kömmt jemand. — Es ist meine Maske. Ob ich
mich

mich wieder verberge? — verstelle? — Nein, Laurette, laß dein offnes Herz nicht Wohnplatz auch nur der kleinsten Betrügerey werden.

Maske. (tritt ein.) Unglücklich oder glücklich genug, Laurette, Ihnen noch einmal und so zu begegnen, daß ich zu gleicher Zeit in Ihrem Blick, in den unverhüllten Reizen mein ganzes Glück oder Unglück sehen kann. Ich kann Ihnen nichts verhehlen. Ich wünschte, Sie hätten auch vor mir nichts zu verhehlen. — Und kurz, ich will Ihnen alles sagen, mein Herz ist geneigt zu glauben, daß diese Ihre Entfernung vielleicht zum Grunde hatte, daß Sie mich näher kennen lernen wollten.

Lauretta. Und wenn ich in allem nicht mit Ihnen sympathisiren sollte, so wäre es doch in der Aufrichtigkeit des Herzens. Dieser gemäß läugne ich nicht, ich ging in der Hoffnung hieher, Sie würden mir folgen. Für ein theilnehmendes menschliches Herz haben Sie wirklich zu viel gesagt, als daß dieses es ruhig hätte anhören können. Ihrentwegen wäre ich also unruhig geblieben, wenn ich dieser Last mich jezt nicht hätte entledigen können. Wenigstens hoffe ich das. Sympathie, sagen Sie, findet unter den Menschen Statt, und das habe auch ich erfahren. Es giebt nur einen Mann, gegen den mein Herz Sympathie fühlen könn-

könnte, wenn schon er nicht mein werden kann. Das närrische Mädchen, sehen Sie, glaubt, Sie könnten der Mann seyn. Wenn Sie der nicht sind, wenn Sie irgend mögliche Aussichten hätten, das, was Sie mir gesagt, im Ernst gegen mich wahr zu machen, wenn der Erklärung Ihrer Liebe und Ihres Unglücks, der erstern Dauer, dem letztern Hülfe zu versprechen sind, so bleiben Sie unter Ihrer Maske, sprechen Sie mich nie-wieder; mein Herz kann keiner Hoffnung entsprechen, weil es für den nicht reden darf, der dessen Wohlthäter ist, und allein in ihm herrscht.

Kardinal. (reißt die Maske ab.) Himmlische Laurette. Wiederholen Sie mir das so, und ich bin der seligste aller Männer!

Lauretta. (erschrocken.) Ich erwarte Sie, ich hoffte Sie, und ich zittre. Was ist's denn, das mich ängstlich für den macht, den ich Vater nach seinen Wohlthaten, Bruder nach seinem Herzen nennen kann —

Kardinal. (seufzend.) Ich Sie mehr, Lauretta —

Lauretta. In der That, das sagten Ihre Worte. Sie nannten sich glücklich und unglücklich. — Welches von beiden sind Sie nun? Das erste hoff' ich, wäre das lezte, und ich wäre schuld daran,

daran, dann wollt' ich lieber, ich hätte Rom nie gesehen.

Kardinal. Lauretta! das ist nicht die Sprache des Herzens, die Sie führten, da ich verhüllt vor Ihnen stand. Lassen Sie mich die Maske wieder vornehmen, die Ihnen lieber war, als ich, die Sie nicht ängstlich machte; da war ich nicht so kalt aufgenommen.

Lauretta. Sie verwirren mich, edler Mann. — Ich gestehe es, der Kardinal bindet die Zunge, die vom Herzen sprechen möchte. Wollen Sie alles wissen? Die Macht, mit welcher Sie auf mich wirken, ist unbegreiflich. Wenn es Liebe ist, was ich für Sie in mir fühle, und dieser Purpur hielte Sie nicht in Schranken, so würde ich sagen: Ich werde nie für einen andern leben können. So etwas wenigstens ist es, was in mir liegt.

Kardinal. O des unseligen Purpurs, Mädchen, der dich verhindert, mir das nicht so warm zu sagen, wie es mein Glück auf ewig gründen würde! Aber rein heraus, Laurette, glauben Sie, daß wir, weil wir Engel seyn sollten, nicht Menschen bleiben? Glauben Sie, daß wir den Ansprüchen auf Seelenfreuden entsagen, weil wir ein widermenschliches Gelübde ablegen müssen? Glauben Sie, daß wir das ganze andre Geschlecht fliehen

hen müssen? Nein, Laurette, Seelenliebe, reine Liebe, besteht mit unserm Stande, mit unsern Pflichten. Doch was rede ich Ihnen da für kalte Gemeinsprüche. Lassen Sie mich lieber Ihnen sagen, daß Sie mein Himmel sind, daß einmal mein Herz so verwundet ist, daß nur Sie es zu heilen vermögen — daß, wenn Sie nicht helfen, nicht diese mir schon gethane Erklärung nie einem Menschen wiederthun —

Lauretta. Das will ich, Kardinal. Versprechen will ich Ihnen, nie einen Andern zu lieben. Schwören will ich Ihnen, daß meine Leidenschaft für Sie ewig in meinem Herzen bleiben soll. Wären Sie nicht, der Sie sind, ich wollte mich Ihnen in die Arme werfen, und ein unauflösliches Band sollte mich ewig an Sie ketten. So, da das nicht seyn kann, will ich nur an Sie denken, und um jeder Versuchung zu entgehen, soll ein Kloster mich einschließen. Dort soll Ihr Bild unaufhörlich vor mir stehen, unaufhörlich mich beschäftigen. Dort will ich Ihnen meine ganze Liebe bewahren, bis einst dieses Band Sie nicht mehr bindet, und wir dann, wo gewiß ein beßres Leben ist, uns frey lieben dürfen.

Kardinal. Nein, liebenswürdige Schwärmerin, so weit soll Ihr Opfer nicht gehen. Sie sollen der Welt und ihren Freuden um meinetwillen nicht entsagen. Sie können leben in Rom, mich sehen, mich lieben. Rein und heilig kann unser Umgang seyn. Im Hause meiner Schwester darf niemand es wagen, auch nur den Schleyer eines Verdachts auf Sie zu werfen. Ihre Aeltern sollen Zeugen unsrer untadelhaften Neigung seyn. Sogar, Laurette, (das Opfer wird freylich hart seyn,) sogar werde ich Ihnen zugeben, einen Gatten zu wählen, aber geben Sie ihm mit Ihrer Hand nie Ihr Herz. Ich fühle es, daß diese Bitte von mir wider meine Pflicht geht; aber ich will ja nicht fehlerfrey seyn. Ganz unglücklich kann ich nicht seyn, und sollte ich mir auch nur ein scheinbares Glück durch meine Schwachheiten erkaufen.

Lauretta. Ich einem Gatten meine Hand geben, da Sie mein Herz haben? So kennen Sie mich nicht, Kardinal. So fest ich an Tugend hange, so fest hange ich auch an Gefühl. Das, was für Sie in mir war und ist, kann nun nichts mehr ausrotten. Ihre Erklärung hat die letzte Schleife zusammen gezogen, und den Knoten kann nur Gewalt lösen. Meine Tugend, Kardinal, ist von Ihrer Seite sicher, mein Herz ist es von der meinigen —

Kardinal. Versiegeln Sie, himmlisches Mädchen, diesen Ausspruch mit einem Kusse des Friedens und der Reinigkeit. Er war von jeher Siegel

gel der Tugend. Patriarchen und Heilige nahmen ihn dafür. Er nimmt Ihnen nichts von Ihrem Werthe, mir nichts von meinen Gesinnungen.

Lauretta. Kardinal! was verlangen Sie — und doch Sie werden meine Schwäche nicht mißbrauchen — (Er küßt sie.) Ha, Kardinal! der Kuß brannte wie Feuer, und schon wüthet mein Blut in mir — Lassen Sie mich, daß ich Kühlung suche für diese Flamme! (Sie gehen beide ab.)

Morgendämmerung.

Andres Nebenzimmer des Ballsaals.

Der Herzog. (im Sessel schlafend.) Die Gräfin. Zwey Bediente.

Gräfin.

Allenthalben habt Ihr sie gesucht, und nirgends gefunden? Ist sie etwa im Garten? Die Schwärmerin ist mir schon oft so entwischt.

Ein Bedienter. Auch im Garten nicht. Ich war dort.

Der andre Bediente. Man will sie mit dem Kardinal im Garten haben spatzieren sehen.

Gräfin. Narre von Kerl! Wer will das gesehen haben? Wer kann das gesehen haben? Nicht noch einmal solche Augentäuschungen, sonst seyd Ihr meines Dienstes quit. Alles sehen wollen, wißt Ihr, paßt nicht für Euch. Fort —
(Die Bedienten ab.)

Gräfin. (die den Herzog erblickt.) Was ist das? Unglücklicher Schläfer! Du hier? Nun deine Liebe kann so rasend nicht seyn, wenn du schlafen kannst, während daß dein Nebenbuhler dir dein Mädchen entführt. Herzog! erwachen Sie!

Herzog. Was ist's? Was giebt's? Wo bin ich?

Gräfin. Bey Lauretten gewiß nicht. Sie sollen Wächter seyn, und verschlafen die Hauptscene —

Herzog. Wie! was! Ist's schon Tag? Ist der Ball zu Ende?

Gräfin. Für Sie fürchterlich zu Ende, für Sie eine verlorne Unschuld. Der Kardinal hat Lauretten entführt.

Herzog. Hölle und Tod! Das kann nicht wahr seyn. So eben tranken sie Limonade.

Gräfin. Die Furien bereitet hatten. Vor drey Stunden, Herzog, sahen Sie das. In der Limonade

nade lag Wolluſtfeuer, das Sie ſo gut wie der Kardinal hätten nutzen können. Sich haben Sie ein Feſt, mir eine Fürſtin verſchlafen.

Herzog. O an dieſem Kardinal werd' ich mich rächen, gewiß rächen —

Gräfin. Rächen Sie ſich an dem Gott des Schlummers. Phlegmatiſcher Mann! Die zweite Nacht genommen.

Herzog. Wenn Sie das machen, ſind die hunderttauſend noch zu Dienſten. — Ich gehe zum Kardinal!

(ab.)

Gräfin. Alſo gewiß vorbey — Schlaf wohl, Laurette — Jezt wird ſie noch in Wolluſt ſchwimmen, dann ruhen; aber ihr Erwachen wird ſeyn, wie der Anblick des Satans, als er zum erſtenmal nach ſeinem Fall in die Zukunft blickte, und Höllenewigkeit überſah. Schlaf wohl, Laurette!

Rom.

Palast der Markise.

Markise. Eduard (tritt ein.)

Markise; (die auf einem Ruhebette gelegen, springt mit verweintem Gesicht auf, und fällt Eduard um den Hals.)

Sind Sie es wirklich, Eduard? O wie hab' ich für Sie gezittert! Hier in Rom, wo die Sicherheit eines schönen Mannes in den Händen von tausend Buhlerinnen von Stande liegt, muß man weinen, wenn der Abgott seiner Seele auch nur Minuten zaudert. Und Stunden, Eduard, vier lange Stunden —

Eduard. In denen Nation und Menschheit mich aufriefen, ihnen beyzustehen, konnte ich Ihnen nicht versagen. Das Geständniß meiner Schwäche mag für mich reden. Es that mir in der That leid, Markise, daß ich Sie Ihnen entziehen mußte.

Mar-

Markise. Für deinen Stolz, Eduard, viel gesagt, für meine Liebe sehr wenig. Weißt du, daß vier Stunden, die ich mit dir zuzubringen träumte, mir entrissen, so viel Ewigkeiten für einen Geist sind, der seine Leiden ins Unendliche vergrößert, seine Freuden ins Unendliche vervielfacht? Weißt du, daß Vergangenheit und Zukunft der Liebe gleichgültig sind, daß sie ihr gar nichts angehen, daß der gegenwärtige Augenblick ihre Vergangenheit und ihre Zukunft ist, daß sie sich an ihn kettet, ihn festhält, von ihm für Zwischenräume sich nährt, in denen ich, Eduard, so gut als todt bin. Weg deswegen mit dem Vergangnen. Der Augenblick ist da. Ich habe dich, ich halte dich. Ich will ihn ganz genießen. Hier hast du deine Schwärmerin, mach' aus ihr, was du willst. Ich widerlege die Unmöglichkeit. Ewigkeiten sind vergänglich. Ewigkeiten dauern ewig. Mir soll das der jetzige Augenblick.

Eduard. Und ich sollte nicht mit Fülle der Wonne wissen, was mir ein solcher Augenblick ist? Sie, Markise, wußten in ein Leben, das noch keinen Zweck kannte, einen zu legen. Ja, er ist die Liebe. Seitdem ich Sie liebe, fühle ich, daß ich lebe, und wofür ich lebe. Für ein Gefühl, das vielleicht tausend und aber tausend Menschen nicht kennen. Aber leben diese auch? Nein, der lebt nur

nur halb, der nicht liebt; die lebt nur halb, die nicht liebt. Nur dann, wenn zwey gleichdenkende Wesen ein Leben ausmachen, dann ist Leben in seiner Vollkommenheit da. Wissen Sie wohl unser entscheidendes Gespräch? Damals, als wir auf ewig uns vereinten, sagten Sie, nichts könne sich zwischen uns stellen. Wo das ist, da ist Leben.

Markise. Ob ich das Gespräch weiß? Was in der Welt weiß ich wohl noch, als was dich angeht, und welches kleinste gewesene von der Art könnte mir fehlen, da ich aus der Vergangenheit Gegenwart mache, und du meine Gegenwart bist? Du hast mich in dich übergetragen; wo du nicht bist, da bin ich nicht.

Eduard. Schmeichlerin! Wie kann man dir das vergelten?

Markise. Ein Blick, ein Kuß, eine Umarmung belohnt mich tausendfach.

(Sie blickt ihn schmachtend an; er küßt sie, umschlingt sie, und geht mit ihr ab.)

Antonette. Hernach Sarko.

Antonette. Da gehn sie wieder hin, um den Becher der Wollust in vollen Zügen zu leeren. Womit hat Sie das Glück verdient, den schönsten Mann in Rom sich so allein eigen zu machen? Ohne Zauberey ist's unmöglich. Wüßt ich nur, zu welchem

chem Hexenmeister sie ihre Zuflucht genommen, ich wendete einen Scudi daran, und ließe ihr einen Possen spielen. Sie hat ihn zu gewiß im Garn, sonst würden gewisse Leute ihr nicht so wenig gefährlich scheinen. Gute Markise! man hat auch etwas von Reizen aufzuweisen. Eduard mag sie immer lieben, sonst aber sind Männer doch nicht so ganz für's immer Einerley —

Sarko (tritt ein, mit einem Briefe in der Hand.) Aha! Lord Eduard schien mir hereinzukommen. Da wird's ein Jubel gewesen seyn. Ach, Antonette, Liebe ist doch die Seligkeit dieser Erde.

Antonette. Hagrer Patron, daß du mich daran erinnern mußt!

Sarko. Wie wunderlich Sie sind, Signora. Als ob an der Statur etwas läge, und der hagre Liebhaber nicht eben so zärtlich und wirksam lieben könnte, als der fettere. Wahrhaftig, Kind, Sie stören die Ordnung im Hause. Wäre unsrer Markise nicht der Mann eben aufgestoßen, so hätte sie einen andern nehmen müssen. Kann Antonettchen keinen nach ihrem Geschmack finden, so nehme sie mich, aber die Liebe lasse sie in unserm Hause nicht nach Brode betteln gehen. Ich will mich nicht für einen Leckerbissen ausgeben, aber zur Nahrung, mein Engel, bin ich in der That noch mehr als zu gut.

Antonette. Dürfte ich Herrn Sarko fragen, was er um diese Zeit noch in dem Zimmer der Marktse zu thun hätte?

Sarko. Wenn Sie zu sehen belieben, gestrenge Signora, so hat Dero unterthäniger Diener einen Brief zu überbringen.

Antonette. Einen Brief! Einen Brief! Woher? Von wem? Her, Sarko, mit dem Briefe — her!

Sarko. Hier, Allerliebste; aber ohne mich werden Sie nie wissen, von wem er ist.

Antonette. Hand und Siegel unbekannt. — Nicht wissen, von wem er ist? Signor Sarko, ich werde mir die Freyheit nehmen, diesen Brief aufzubrechen, und dann sagen, Sie hätten sich versehen, und geglaubt, er gehöre an mich. (will ihn aufbrechen.)

Sarko (fällt ihr in die Hände.) Um der heiligen Erzväter willen, nicht! Sie sollen alles wissen. Trotz dem, daß es Hand und Siegel nicht ist, so ist er doch unter einem fremden Kuvert angelangt, wirklich vom Herrn selbst.

Antonette (läßt die Hände sinken, und Sarko erhascht den Brief.) Vom Herrn selbst? Nun da hat der gewiß etwas gemerkt. Das wird Auftritte geben — Halt! ein Einfall. Herr Sarko, ich erwarte von Ihrer Gefälligkeit, so wie von Ihrer

Politik, daß Sie mich diesen Brief persönlich übergeben lassen.

Sarko. Ich kenne keine andre Gefälligkeit,
und keine andre Politik, als die mir etwas einbringen — Ein Kuß —

Antonette. Nun, wenn Sie darauf so gei-
zig sind, da ist er.

(Sie küßt ihn; er giebt ihr den Brief, und geht
schmunzelnd ab.)

Da hätt' ich ja auf einmal ein Mittel, vielleicht
den ersten glücklichen Zwist zwischen beiden hervorzubringen. Einmal muß er's doch erfahren. Ich
gebe ihr den Brief in seiner Gegenwart. Entschuldigung hab' ich, und Sarko verräth mich
nicht. Aber wenn er diskret genug ist, den Brief
nicht zu fordern? — In dem Fall ist auch nichts
versehen. Aha! sie kommen.

(Sie geht zur Thür hinaus.)

Markise. Eduard. Hernach Antonette.

Markise. Immer, Eduard, find' ich Gelegenheit, mir und Ihnen zu wiederholen, daß Sie
das Glück unsrer Liebe nicht in dem ganzen Umfange schmecken, wie ich es genieße.

Eduard. Leiten Sie das daher, weil unser
Körper ehe ermattet, als der Ihrige. Aber Genuß

nuß der Seelenwolluſt! Weiſen Sie mir einen Augenblick auf, in dem ich Ihnen nicht gleich komme, ich möchte wohl ſagen, Sie nicht übertreffe.

Markiſe. Soll ich auch ſagen, daß das von ſchnellerer Erſchöpfung herrührt, daß Ihr Männer Eure Zuflucht immer ſchneller zur Seele nehmen müßt, als wir? Ich möchte wohl aus hinreichenden Gründen wiſſen, ob wir auf dieſer Erde mehr für Seele oder für Körper leben. Ich hätte Luſt mit Ihnen zu diſputiren, Eduard, um Ihnen zu beweiſen, daß die Seele nur für die Erholung des Körpers da iſt. Nicht wahr, wenn Sie erſchöpft ſind, ſo iſt's Ihnen eine große Wolluſt, Seelenſpeiſe zu genießen, Sie knüpfen begierig den Faden der Unterhaltung vom Körper ab, und binden ihn an die Seele; aber kaum haben Sie ſich etwas erholt, kaum werden meine zärtlichen Liebkoſungen wieder wirkſam auf Sie, im Huy iſt der Faden von der Seele auf den Körper wieder übergeſpielt, ohne daß da ein beſchwerliches Losknüpfen oder Anheften nöthig wäre. Wo liegt mehr Natur, in jenem gezwungenen Uebergange, oder in dieſem leichtern, gefälligern?

Antonette (tritt mit dem Briefe ein.) Hier, gnädige Frau, ein Brief —

Markiſe. Woher, Antouette?

Anto-

Antonette. Ich kann es nicht sagen, Hand und Siegel sind mir unbekannt.

Markise. Es wird nichts Bedeutendes seyn. Geh nur!

(Antonette ab. Sie will ihn einstecken.)

Eduard. Lesen Sie doch, Markise. Man kann nicht wissen. Vielleicht die Bitte eines Unglücklichen, der schleunige Hülfe ohne Aufschub bedarf.

Markise (erbricht, wirft einen Blick in den Brief, erschrickt, und wird leichenblaß.) Nichts Bedeutendes — (Sie will den Brief einstecken.)

Eduard. Wie? nichts Bedeutendes — und Sie werden blaß, und haben nicht den Muth, den Brief zu lesen? Nein, Markise, so kahl an Theilnehmung für alles, was auf Sie wirkt, bin ich nun nicht. Ich kenne Sie in der That als entschloßne Frau, also kann es nichts Kleines seyn, was Sie aus Ihrer Fassung bringen kann, und alles Unangenehme will ich mit Ihnen theilen.

Markise. In der That, Eduard, es ist nichts. Ein kleiner Schreck — und lassen wir das.

Eduard. Nein, theure Seele! Sie fangen an, mich zu beleidigen, wenn Sie glauben, daß ich kalt dabey bleiben könnte. Ihre Unruhe ist meine Unruhe, Ihre Leiden sind meine Leiden,

Wenn

Wenn Sie todtenblaß werden können, wenn Sie einen Blick auf den Brief werfen, so muß ich für den Inhalt zittern. Sie können ihn auch unmöglich lesen, lassen Sie mich ihn lesen, und darüber beschließen.

Markise (im starken Affekt.) Du wolltest den Brief lesen — du, Eduard? Nimmermehr geht das, niemals können Sie das. Der Brief, My-Lord, der Brief, o haben Sie Barmherzigkeit!

Eduard. Immer räthselhafter — immer seltsamer! Markise, lassen Sie mich nicht in die Wallung kommen, in der Sie sind. Ich will wissen, welch ein Brief Todesbläße bey Ihnen bewirken kann. Neugierde ist das nicht. Hätten Sie freundlich gelächelt, ich hätte nicht einmal gefragt. So aber, wissen muß ich, was es ist, was Sie erschrecken kann. Der Unmensch, der diese Wangen bläßen konnte, soll meine Rache empfinden. Geben Sie den Brief.

Markise. Eduard! nicht weiter! Ich kann, ich darf nicht. Meine Ruhe und deine Ruhe, mein Leben und das deinige, alles hängt daran, daß du diesen Brief nicht siehst. Vermag ich nicht so viel über dich?

Eduard. Sie vermögen alles, nur in diesem Falle nichts. Sie sagen mir immer mehr, was mich reizt. Und wenn meine Seligkeit daran

hin-

hinge, um so eher muß ich es wissen. Jezt muß ich Sie ernstlich bitten, mir den Brief zu geben, oder — ich glaube, er enthält Verläumdungen gegen mich, und meine Rechtfertigung sey dann, daß ich Sie nicht wiedersehe.

Markise. Um Gotteswillen! — Nun, Muth also. (Sie fällt vor ihm nieder.) Ja, du sollst den Brief sehen, Eduard, und sollst die Sünderin sehen, die es aber nur in deinen Augen seyn kann, in der ganzen übrigen Welt Augen nicht. Dennoch demüthige ich mich vor deinem Vorurtheil. Flehend bitte ich dich, vergieb mir. Du könntest mir ja mehr vergeben, als andern, sagtest du einst. Mach es wahr, Eduard —

Eduard. Stehen Sie auf, Markise, drücken Sie mich nicht zu Boden. Was könnte es seyn, was mich auf Sie erzürnt zu machen fähig wäre?

Markise. Das wolle der Himmel, daß das dieser Brief nicht kann, und ich bin neugeboren.

(Sie giebt den Brief, Eduard schlägt ihn auf.)

Eduard (ließ:) „Zärtlich geliebteste Gattin!" — Wie? Markise! Der Brief ist an Sie? Sie sind nicht Wittwe? Frau eines Lebenden? Geschwind! Erklärung! Geschwind!

Markise. Das bin ich Eduard: ich bin die Unglückliche, die ich dir so oft malte, die einen Gatten hat, den sie nicht liebt.

Eduard. Und ich also in ein Laster verwickelt, das ich mehr verabscheue, als einen zehnfachen Tod — Und ich der Räuber der Ehre eines Mannes — ich, der ich Ehre zum Jdol meiner Seele gemacht! O Sie haben mich so schrecklich hintergangen, daß dieser Betrug mich ohne Gränzen herabwürdigt. Es giebt einen Mann, der auftreten und mir sagen kann: du hast mich vernichtet! Und ich muß das wahr fühlen, ich muß Ja zu dem sagen, ich, der ich mein ganzes Leben dazu anwendete, daß niemand mir sagen könnte: Er hat mich beleidigt! Dieses Rom sollte mir also meinen Stolz nehmen! Ein Weib mich um meine Ehre betrügen! Eine Syrene meiner Tugend das Grab bereiten! Eduard! was warst du? Und was bist du jezt? Du entgingst den Schlingen von neun und neunzigen, und die hundertste fing dich, da du vielleicht ihr entgangen, auf immer festgestanden hättest!

Wie sie zittert, und die Augen zur Erde schlägt! Kann denn die Natur es ertragen, das ehebrecherische Bild? Der Mörder stünde wie ein Engel gegen dich!

Mar-

Markise. Das ist zu viel, Eduard. Warum that ich denn das alles? Was konnte mich wohl dazu bringen, als die unendliche Liebe, die Sie mir einflößten?

Eduard. Wälzen Sie nur die Last auf mich — Doch nein. Weib! das kannst du nicht. Wisse, daß mir von jeher die Rechte eines Mannes die heiligsten waren — wisse, daß ich dich, trotz deinen Reizen — trotz deinen Vorzügen — trotz deinem tiefdringenden Zauberblick, selbst in dem Augenblicke, in dem ich dem höchsten Wollustgefühl unterlag, würde von mir gestoßen haben, hättest du mir gesagt: Ich bin das Weib eines Andern! Dieser Funke der Rechtschaffenheit in mir hat mich nie verlassen, und er wurde, nur vom kleinsten Windstoß angeregt, zur Flamme. Liebe hab' ich von jeher verehrt: strafbare Wollust immer verabscheut. So schuldlos trug ich dir meine Hand, trug dir ewige unnennbare Liebe an, und du mußtest das Weib nicht seyn, das du bist, wenn du nicht meine ganze Seele hättest durchschauen können. Und zur Belohnung machst du mich zum Verbrecher, spielst mit meiner Rechtschaffenheit, opferst meine Ehre, giebst meine Tugend schändlichen, ehebrecherischen Lüsten Preis.

Markise. Eduard! Du mißhandelst mich aufs entsetzlichste, und ich schweige. Ich ertrage den

Ausbruch deiner Grundsätze, und die meinigen darf ich nicht reden lassen. Schuldig, mein Lieber, ist nur, wen sein Herz schuldig nennt. Vor keinem Menschen in der Welt kann ich mich demüthigen, vor dem, den ich liebe, thu ich's. Ich sehe mich einmal nicht als das Weib des Mannes an, den ich hasse. Du bist der Mann meiner Seele.

Eduard. Nicht weiter. Sie häufen Ihr Unrecht mit jedem Worte. Mit dem Manne der Seele sollte auch nur die Seele ins Spiel kommen. Ich verehre die Gesetze, was wären wir Menschen ohne sie? Markise! was ist aus Ihnen geworden, weil Sie sie nicht ehrten? Nicht der Verlust tausend angenehmer Stunden, nicht der der ausgezeichnetesten seligsten Wollust geht mir nahe, das Opfer fordern Ehre und Tugend; aber daß ich Sie so verdorben sehe, daß dieß Meisterstück der Schöpfung an Geist und Körper verloren ist, das bedaure ich, indem ich Sie verlasse.

Markise. Mich verlassen? Eduard! du könntest mich verlassen? Weißt du denn auch, was an diesem Verlassen hängt, was seine nothwendige Folge ist? Rasend, Unglücklicher, wird das Weib, das dich liebte, um deinetwillen! Feuer fährt in ihr Gehirn, Wuth in ihre Seele! Ihre Nerven werden nicht aufhören zu zittern, sie zu peinigen,

bis

bis sie zuckend ein Leben verläßt, das sie nur dir gewidmet hätte. Wage es zu läugnen, daß dies Leben nicht um deinetwillen eingehaucht gewesen, wage zu widerrufen, was du noch vor wenig Augenblicken sagtest, ich hätte dir Leben gegeben! Zweck wäre durch mich hineingekommen! Wage es, eine der Stunden nicht selig zu nennen, die ich dir versüßte! Oder wolltest du den Empfindungen widersprechen, die du vor Minuten hattest, wie du in diesen Armen, o! daß ich dir das wiederholen muß, schmecktest, was du nie gefühlt hattest, oder nie gefühlt zu haben vorgabst? Soll ich den Eduard, der diese festen Grundsätze zeigte, für einen Lügner halten? Oder nimmt das, was jezt in dir aufwühlt, dem Vergangnen seinen Werth? Nein, Eduard, du darfst mich nicht verlassen!

Eduard. Der Tropfe Zeit, den ich noch bey Ihnen zubringe, vermehrt meine Strafbarkeit. Der Augenblick meiner Sünde ist da gewesen. Wie du mir sagtest: ich bin Weib! und ich vor dir stehen blieb, nicht mich wandte, um nie dein Gesicht wiederzusehen, damals, damals hob meine Schuld sich an. Hätte ich gleich dich gemieden, so hätte ich mir sagen können: du handeltest als Mann — Aber länger strafbar vor Ihnen stehen, Markise, länger mit jedem Augenblicke fühlen, ich habe ein abscheuliches Verbrechen begangen, mich selbst immer

mer mehr erniedrigen, indem ich das Verbrechen erneuere, oder doch zu erneuern wünschen würde, das kann ich nicht. Lassen Sie mich, Markise, und bedauren Sie sich.

Markise. Ha! wie das durch's Innerste glüht! Nicht einmal dich soll ich bedauern? Du wärst nicht bedauernswerth, wenn du ein Weib verlassen hättest, die dir einen Himmel schuf? Du spielst mit dem Stolze, Eduard. Ich will mich nicht erzürnen, nicht diesen Brand rächen, den du in mir angelegt. Aber wenn ich mich bedauren soll, so will ich mir auch helfen; nur dich sehen, kann dieses Bedauern mindern. Also will ich dir folgen, wohin du auch gehst; ich will bey deinem Anblick jedesmal mir es sagen, daß ich nicht unrecht that, um eines solchen Mannes willen ein Vorurtheil zu überwinden. Dich soll mein Anblick zum Mitleiden gegen mich durchschaudern. Warum? Weinen und Sehnen werden bald diese blühenden Wangen bleichen, der Granz wird den vollen Busen verzehren, wird den schönen Körper zum Gerippe machen. Ich werde dir nachschleichen mitten in deinen Freuden, und kann eine Gestalt, die dem Tode zueilt, dich nicht darin stören, so wird wenigstens ein mitleidiger Blick auf mich fallen. Wenn im Zirkel der Freundinnen, die dem Abgotte der Weiber huldigen, man dich fragt:

Wer

Wer ist denn die Beklagenswerthe, die Sie immer verfolgt? dann wage es ja nicht zu sagen: Sie ist eine Ehebrecherin um meinetwillen — denn man würde dein hartes Herz in meinem Elende hell erblicken. — Eduard! du wirst weich! Eine Thräne in deinem Auge? O du fühlst noch! Eduard! ich bin schon jezt so elend, wie ich werden kann. Mein Herz sieht so aus, wie ich dir meinen Körper beschrieben.

Eduard. Lassen Sie mich zu Haus, Markise, daß ich mich sammle. Ich will sehen, was ich der Pflicht opfern darf. Das sage ich Ihnen vorher, in Ihren Armen sehen Sie mich nicht wieder, des Verbrechens mache ich mich nie wieder schuldig; aber ich will sehen, ob ich der Wollust Trotz bieten, und die Liebe beybehalten kann. Dann will ich prüfen, ob Sie das auch können, und ist das, so leben wir als Freunde — Liebende — aber ohne Genuß. Wollen Sie das?

Markise. Was du willst, will ich, Eduard. Schon ein Himmel für mich, daß ich Sie besänftigt sehe.

Eduard. So bin ich morgen früh wieder da. O des schwarzen Tages, der mir zeigte, daß meine Seligkeit nichts als Nebel war! (ab.)

Markise. Er ist weg — Kehre zurück, Eduard. — Verläugne immer die Wollust, ich will

L 3   mich

mich zwingen, dir zu scheinen, als habe ich sie auch
verläugnet. Das ist ein Traum, den du dir schuffst.
Laß die Liebe bleiben, die Wolluſt iſt ihre un-
zertrennliche Schweſter. Du widerſtandeſt neun
und neunzigen, ſagteſt du, und die hundertſte fing
dich. Mir widerſtehſt du nicht wenigemale. —
Aber — wenn — entſetzlicher Gedanke! wenn
es Maske geweſen wäre, alles was er ſagte, um
ſich von mir loszureißen? Wenn er jetzt fortginge?
vielleicht ſchon fort wäre, wegeilte von Rom, fort-
flöge übers Meer in ſein Vaterland, wo die Men-
ſchen ſo voll Vorurtheile ſind? — Glaubſt du
vielleicht, Britte, du kannſt mich dort verlachen?
Nein! du kennſt mich noch nicht. Du haſt mich
von einer vergeltenden Seite nur kennen lernen.
Von der guten. Von der andern habe ich mich
dir noch nicht gezeigt. Vor meiner Rache ver-
ſtummt, wer vor meiner Liebe zerſchmilzt. Haſt
du mich betrogen, ſo glaube gewiß, ein Weib kann
beſſer betriegen. Haſt du mich hintergangen, ſo
will ich dich um jede ſelige Stunde, um deine Ruhe,
um deine Ehre, ja um dein Leben betriegen. So
um alles betrogen, kannſt du dann die ſeligſte Liebe
verfluchen. Nicht wie ein Schatten will ich dir
nachfolgen, wie eine Furie will ich zu dir treten.
England ſoll von deinem Meyneide ertönen, und
die Achtung deiner Landsleute ſoll in ſchändliche

Ver-

Verachtung ausarten. Brittinnen sollen dich wie die Pest fliehen, und wagt's dennoch eine, sich von dir blenden zu lassen, so soll ein Dolch die Unglückliche vor deinen Umarmungen und vor deinem Meyneide schützen. Ich will tausend Gestalten annehmen, um dich zu hintergehen. Ich war dein Himmel — ich will deine Hölle seyn. (Sie klingelt, Antonette tritt ein.) Man soll genau auf jeden Tritt Eduards Acht haben, und ich will bis morgen allein im Kabinette seyn. (stürzt ins Kabinet.)

Antonette. Doch wohl zu weit getrieben. Brechen sie ganz, so bin ich in die Grube gefallen, die ich ihr bereitete.

(ab.)

Pisa.

Kampano's Wohnung.

Gabriele (einen Brief in der Hand.) Tinto (tritt ein.)

Gabriele.

Gut, daß Sie kommen, Tinto. Sie können mitreisen. Ich zittre über und über. Kampano ist gestern aufs Gut gereist, und schickt mir einen Eilboten. Alles sey entdeckt, Saldezzino habe alles verrathen. Gespenster haben ihn erschreckt.

Tinto. (für sich.) Verdammt! (laut.) Herrlich! Besser hätte es gar nicht kommen können. Ich habe aufs neue die besten Versicherungen vom Kardinal. Aber, Gabriele — Sie sind erschrocken. Nehmen Sie doch ein niederschlagendes Pulver.

Gabriele. Wenn Sie meynen, Tinto. Dort auf dem Schranke liegen sie.

Tinto (wechselt die Pulver.) Ich finde keins.

Gabriele (klingelt. Ein Mädchen tritt ein, holt die Pulver, und giebt ihr eins.) Ich habe entsetzliche

Wallung. Es wird sich nun schon geben. Marie, besorge, daß gleich angespannt wird.

Tinto. Und bleibe Sie unten, bis wir nachkommen.

(Das Mädchen geht ab.)

Gabriele. Tinto, mir wird noch schlimmer auf die Arzeney. Nur einige Minuten aufs Bette.

Tinto. Wenn Sie wollen, Gabriele, so reise ich allein.

Gabriele. Nein, Tinto, bleiben Sie. Ich muß mit. Kampano würde sehr erschrecken. — Aber was ist das? Ich fühle ein Brennen im Magen, als ob ich den Tod in mir hätte. — Stiche — o weh! Tinto! schicken Sie doch nach einem Arzt — Sie zaudern — ein schreckliches Licht geht mir auf — Sollten Sie selbst — o weh — die Sprache wird mir schwer — die Zunge —

Tinto. Beichten Sie, Gabriele, Ihr Ende ist nahe. Sie haben ein schreckliches, schnell zerstörendes Gift. Ich sehe es.

Gabriele. (ermattet.) Bösewicht! Das hast du gethan. Mein Verdacht war also gerecht. Und meinem Manne steht wahrscheinlich eben das bevor. Unglückliche Familie! Durch eines Menschen Bosheit zu Grunde gerichtet. Hast du vielleicht Lauren auch schon verführt?

Tinto. Nein. Aber der Kardinal hat sie für sich bestimmt. Ihnen kann ich das sagen, denn Sie reden mit niemanden weiter, als mit mir. Wären Sie und Kampano nicht voll Vorurtheile gewesen, Sie hätten können glücklich seyn. Wollen Sie schnell beichten?

Gabriele. Nein, Tinto. Ich stehe mit meinem Schöpfer gut. — Ein Bösewicht kann mir auch meine Sünden nicht vergeben — Kampano und Lauren überlasse ich Gott — Ich fühl's — der Tod ist da — Bessern — Sie — sich —

(Sie stirbt.)

Tinto. (zieht einen Dolch.) Und für Kampano diesen, wenn's nicht anders seyn kann. — Aber vielleicht wirkt diese Nachricht, wenn ich ihm gleich einen Boten sende mit Gabrielens Tode, denn er liebte sie. Ich will euch lernen, meine Pläne zu vereiteln.

(ab.)

Rom.

R * m.

Palast des Kardinals.

Kardinal, (tritt mit leiser Behutsamkeit aus einem Kabinet.)

Wie schön sie da schlief! Die Huldgöttinnen hätten sich beschämt vor dem Anblick zurückgezogen. — Wie gern hätte ich sie geweckt, mit dem heißesten Kusse sie geweckt — hätte noch einmal getrunken aus dem Zauberkelch — genossen noch einmal, wie ich noch nie genoß — nie zu genießen glaubte. Daß ich die Gefahr dieses Augenblicks auch so ganz durchschauen mußte — daß Blindheit mich nicht schlug — Leidenschaft mich nicht hinriß! Kann die Stunde bezahlt werden, die ich jetzt der Zukunft, die ich der Ungewißheit opferte? Hab' ich nicht etwa den Beweis gehabt, was sie ist? Und wird sie mir auch je wiederkommen?

Wahr, mit ihrem Opfer hab' ich gewiß in Laurens Augen meine erste Schuld gereinigt. Ich müßte die Güte dieses Mädchens nicht kennen, wär'

wär' ich nicht gerechtfertigt für das, was ich that. Aber kann nicht fester Vorsatz mir auf immer den Zutritt verschließen, Wiederholung der schönen Sünde unmöglich machen? — Nimmermehr! Ohne Lauren kann ich nicht leben! — Diese weichen Arme sollten mich nicht wieder umschlingen? Augen und Mund meine Küsse nicht mehr aufnehmen? In dem himmlischen Busen sollte ich nicht mehr wühlen? Nicht mehr das Klopfen ihres Herzens an dem meinigen empfinden? Nicht mehr in mich aufnehmen ihre Glut? O das Feuer, das sie rege machte, kann keine wieder aufreizen — alle ekeln mich an, wenn ich sie denke — Es ist nur eine Laura in dieser Welt, und dieser Laura Liebe bezahlt nichts.

Und was hält mich denn, daß ich sie nicht wecke? — Aber nein! Der erste Augenblick des Erwachens muß ihre seyn. Sie muß mit mir Mitleiden haben. — Sie regt sich — Zeig ich mich, zeig ich mich nicht? Dort will ich mich in den Winkel setzen, schwermüthig zu schlafen scheinen, und erwarten, in zitternder Angst erwarten, was sie thut.

(Er setzt sich im Sessel, nach einer kleinen Pause tritt Laurette in der äußersten Wallung mit fliegenden Haaren und zerstörtem Anzuge ein.)

Lau-

Lauretta. (sieht sich um, ohne den Kardinal zu sehen.) Ja! Nun weiß ich's — ich bin's — weiß — wo ich bin! Wirklich in des Kardinals Palast! Die Flügelthüren dort öffneten sich ja, als ich draußen war! — dieß Bild sahe mir entgegen. Nun bin ich ja wieder da — und — die Nacht wäre wirklich vorüber? Dieser Tag wirklich Tag? Kein Traum? (Sie reißt das Kabinet auf, und tritt ans Bette.) In diesem Bette hätte ich gelegen — mit dem Kardinal gelegen? Sündliche Wonne gefühlt? In schändliche Lüste mich verloren? Geträumt! — ja geträumt! Mein ihn genannt, den schönen Mann — geküßt, umschlungen, — unaussprechlich selig mich gefühlt? Das wäre ja auch im Traume wohl Sünde? — Aber! Träumt man denn auch, das man träumt? — Also gar Wirklichkeit? Purpurne Vorhänge! Kein Schatten! Ich muß sehen, ob das wirklicher Purpur ist? (Sie zerreißt die Vorhänge.) Wirklich! alles wahr! Wahr, alles, was ich, ach — so gern geträumt hätte, wenn schon der Traum Sünde ist? Laurette Buhlerin des Kardinals! Und ich verliere den Verstand nicht? Kann noch denken, noch fühlen? Und nicht einmal Angst preßt dieses Herz zusammen? Und ihr erscheint nicht, furchtbare Furien der Hölle, und nehmt den Gedanken weg, daß die Nacht schön war? Wollü-
stiges

ſtiges Gefühl rollt mir noch in den Adern? O erſcheine, allgewaltige Rache der Tugend! Nimm jede Geſinnung, die mir meinen Fehltritt verzeihlich malen kann! Lege Brand in jeden Tropfen meines Nervenſafts — Stacheln in jede Faſer meines Fleiſches! — Ha! es kömmt! Ja, meine Bitte wird erhört — ſchon ſehe ich meinen Vater! (Sie rennt ins Zimmer.) Bleib, fürchterlicher Schatten! entfliehe mir nicht! (ſie ſieht den Kardinal.) Da iſt er, der Verführer — tödten — ja tödten will ich ihn! — O! heilige Mutter! Er iſt ſo ſchön. — Wie? Mitleiden könnte ich haben? Nein! (Sie ſchüttelt den Kardinal.) Erwache, Mitſchuldiger! Träume ein andermal —

Kardinal. (wie aus dem Schlummer erwacht, fällt zu ihren Füßen.) Verzeihung, Verzeihung! — Laurette! Knieend bitte ich Sie darum —

Lauretta. Sie ſind ja der Kardinal — knien Sie nicht. Verzeihung wollen Sie? Gehen Sie hinauf durch die Wolken, zu dem Richter, der alles richtet, und fordern Sie ſie dort! Gehen Sie zu dem Vater, deſſen Tochter Sie entehrt, fordern Sie ſie dort. Gehen Sie zu der Mutter, deren Tugendbild Sie zerſtört haben, fordern Sie ſie dort. Die Sünderin Laurette hat mit ſich genug zu ſchaffen. Raſch, Kardinal, einen Dolch durch dies ſchon ganz verderbte Herz, denn noch

noch sehe ich Sie gern. O wären Sie nicht, der Sie sind, könnten Sie nicht Sünden vergeben, dann wollt' ich Ihnen fluchen. Mit Laurettens Tugend, Kardinal, haben Sie eine ganze Familie aus der Reihe der Seligen weggerissen. Der Vater wird der Stunde fluchen, in der er sein Weib nahm, die Mutter wird der fluchen, in welcher sie mich gebar. Wie stolz war ich auf mich! O Roms giftiger Hauch, dich sahe Kampano vorher!

Kardinal. Laurette! mein Weib! denn das sind Sie vor Gott und allen seinen Heiligen. Könnte ich ihn von mir werfen, den Purpur, zerreißen ihn, und vertilgen sein Andenken, um Ihrentwillen thäte ich's. Der alles richtet, der vergiebt auch alles, richtet im Verborgnen, und vergiebt im Verborgnen, und Uebereilungen vergiebt er, indem sie geschehen; und daß wir uns vergaßen, war doch wohl Uebereilung. Heute Morgen, wie ich Sie verließ — wie Sie, das Meisterstück der Schöpfung, da lagen, wie alle meine Lebensgeister wallten, alle meine Blutstropfen zur Seele sich drängten, und jeder ihr zurief: Gieb den Willen zum schönen Erwachen — wie er schon von meinen Lippen herabschwebte auf die Ihrigen, und wie ich ihn noch zurückzog, den Feuerkuß — eine paradiesische Seligkeit in meiner Gewalt war, und

ich

ich mir sie selbst entführte, um der Keuschheit Laurettens willen, — da, Weib meiner Seele, opferte ich mehr, als sich denken läßt — da gab ich der Tugend mehr, als sie verlangen konnte — und das hätte ich ihr diese Nacht gegeben, wenn ich meiner mächtig war.

Lauretta. Mann Gottes! Zaubern Sie die Schuld nicht ganz von sich weg, nicht ganz sie auf meine Seele. Ich fühl' es, das hätt' ich nicht gekonnt. Wie ich erwachte, war der Traum noch nicht verschwunden. Erröthend. gesteh' ich's, ich breitete meine Arme nach Ihnen aus. O warum ist der Verführer so reizend, und die Sünde so angenehm? Weg, Kardinal, weg aus dem Zirkel, der für mich Arme der Versuchungen zu viel hatte. Weg mit mir in ein Kloster damit meine Schande verstumme. Das einzige Mittel, sie schweigen zu machen. Aus Barmherzigkeit, Kardinal?

Kardinal. Nein, Laurette, dazu sind Sie nicht geboren. Diese Schwachheit brauchen Ihre Aeltern nie zu erfahren. Vergiebt sie Ihnen der Himmel, und das kann er durch mich thun, so ist sie zugedeckt, und nur wir sind die Besitzer des Geheimnisses.

Lau-

Lauretta. Als wenn ich diesem Kampano, den ich nicht mehr Vater zu nennen wage, unter die Augen treten könnte, ohne daß er im ersten Blick die Unschuld seiner Tochter vermißte. O Kardinal! meine Seele malte ihren Zustand immer zu treffend in meinem Gesichte, als daß sie einmal darin zu verkennen wäre. — Wüßt' ich's, daß er sich der Rache überließe, daß er dem Leben, das ihn geschändet, schnell ein Ende machte, dann — ja dann wollte ich gleich zu ihm —

(Es wird an die Thüre geklopft.)

Himmel! Kardinal! wenn man mich hier sieht! Aber — was hätte ich denn noch zu verlieren?

Kardinal. (geht zur Thüre hinaus, tritt aber gleich wieder ein.) Ein Brief an Sie, von der Gräfin Medina.

Lauretta. O meine tugendhafte Freundin! Dich hab' ich auch verloren. Wie wirst du die Schuldvolle von dir stoßen! (Sie nimmt den Brief.) Er wird Vorwürfe enthalten. Gott! — die Hand meines Vaters. In diesem Augenblicke einen Brief von dir? — Darf ich diese Hand noch küssen? — Weh mir! So nahe der Sünde die Strafe. Mein Vater krank — dem Tode nahe — Er glaubt — er werde — nicht lange mehr leben! — Ewiger Rächer! Das ist zu viel, zu schnell

schnell. Soll ich gleich nach dem Verlust meiner Unschuld meinen Vater verlieren?

Kardinal. Reisen Sie gleich zu ihm, Laura, suchen Sie sich diesen Vater zu erhalten —

Lauretta. Zu erhalten? — Und wenn ich komme, und er lebt noch, so wird er die entehrte Tochter kaum sehen — und sogleich den Tod rufen. — Dann wird dieser hämische Wütrich sich vor ihm verbergen. O ich komme, dir die letzte Stunde süß zu machen, Kampano. Ich sollte dir die Augen zudrücken, und deinen letzten Seufzer leicht machen. Ha! die Kehle werd' ich dir zudrücken, an dem Angstworte: Buhlerin! wirst du ersticken. Tausendfach wirst du die Schrecken des Todes fühlen. Die Lieblingstochter wird deiner Seele den grausendsten Abschied bereiten. O Kardinal! die Sünde ist schön — sollt's auch nur der Folgen wegen seyn — Nun? was stehen Sie? machen Sie Anstalten, daß ich fortkomme — fort zur Hille für Vater, Mutter, und mich! — Schnell — schnell — fort!

(Sie stürzt zur Thür hinaus, der Kardinal nach.)

Kam-

Kampano's Landgut.

Saldezzino. Tinto.

Tinto.

Verdammter Hund von einem Schwätzer, dies­mal hab' ich dich noch freygemacht.

Saldezzino. Du mußt hexen können, denn ich begreif's nicht. Es ist alles so still auf dem Schlosse. Ist's denn wieder mein?

Tinto. Dein! Was ist je dein gewesen? Aus Barmherzigkeit sollst du noch ein Weilchen drauf wohnen, bis der Roman mit Lauretten zu Ende ist. Dann werd' ich selbst wohl herziehen, und da will ich dich zum Aufseher machen.

Saldezzino. Und das wären wirklich keine Geister gewesen, und der Graf wäre kein König geworden? Und warum hat denn Kampano der Schlag gerührt, und wie hast du das alles zuwege bringen können?

Tinto. Wie du dich so unbesonnen in Angst hattest jagen lassen, und man Gabrielen Nachricht davon

davon gab, kam ich eben in Pisa an. Ich durch-
schauete die ganze Karte, und beschloß sogleich mein
Gegenspiel. Ein Augenblick Zauderns hätte mich
und den Kardinal stürzen können. Unerwartet
glücklich für mich bekömmt Gabriele gerade in dem
Zeitpunkt einen ihrer hysterischen Anfälle, und so
heftig, daß er in wenig Stunden ihrem Leben ein
Ende machte. Diese Nachricht schicke ich an Kampano vorweg, versehe mich gleich, nachdem ich den
Boten an Gabrielen ausgeforscht, mit Dienern
der Gerechtigkeit, und zwar von den geistlichen
Gerichten, um die Teufelsbanner in Verhaft zu
nehmen. Kampano sieht mich kaum mit diesen
gefährlichen Begleitern eintreten, so fällt er wie
todt nieder. Ich hätte dem Manne gern ein län-
geres Leben gewünscht, obgleich in unsre Geschichte
es ein sehr glücklicher Zufall war, und wir so zu
sagen, ohne seinen Tod nicht gut uns herauswickeln
konnten.

Saldezzino. Ist er denn wirklich schon
todt?

Tinto. Noch nicht, aber es ist eben so gut.
Der Gebrauch aller seiner Sinne hat ihn verlassen.
Ich habe ihn nach Pisa bringen lassen. So wie
er fortgeschafft war, nehm' ich Amorso und seine
zwey Helfershelfer gefangen. Wir fanden noch
die ganzen Masken des Teufels und der zwey Schat-

ten, beysammen, und die Herren werden wahrscheinlich selbst bey ihrem Tode darin paradiren. Du hast weiter keine Rolle dabey zu spielen, als alles, was du ausgesagt, auf die Angst zu schieben, die dich zu einem falschen Geständnisse gebracht hätte. Du brauchst nicht einmal zu schwören, daß du nicht mein Bruder bist. Nun — ich habe dich los gemacht, sey jezt klug; ich muß jezt nach Rom, und sehen, wie es dort aussieht, von da gehe ich nach Pisa, und kehre dann erst wieder,

Rom.

Palast der Gräfin Medina.

Gräfin. Kardinal. Hernach Tinto.

Gräfin.

Eine so reiche Belohnung, Bruder, wie das mir übersandte Geschenk, hatte ich nicht erwartet.

Kardinal. So wie ich keine so wonnereiche Nacht. Zum erstenmale hat mich Amors Flittig ganz überschattet. Ich bin von dem Unterschiede überzeugt worden, der zwischen erkaufter und erregter Liebe sich findet. Den schönsten Morgen verlor ich freylich durch übertriebene Delikatesse. Aber Tinto's Ausbleiben macht mir bange für die Zukunft. Ich möchte wissen, wie es mit ihr, dem Vater und der Mutter steht —

Gräfin. Wie wird es stehen? Sie werden der Unschuld der Tochter ein paar Thränchen schenken, und Tinto wird alles schon so einkleiden, daß sie sich's zur Gnade halten, Ew. Eminenz zum ge-
hel-

heimen Schwiegersohn zu haben. Aber etwas unvorsichtig, Kardinal, waren Sie.

Kardinal. Wie so, Gräfin?

Gräfin. Daß Sie das Mädchen mit in Ihren Palast nahmen. Wie wird's um die Fürstin aussehen, da die Begebenheit schon hin und wieder bekannt ist?

Kardinal. Bekannt? Wie könnte sie das seyn? Auf meine Leute kann ich mich verlassen; ich denke, Sie auf die Ihrigen auch. Ich will nicht hoffen, Medina, daß Ihr bekannter Undank sich auch auf Ihren Bruder erstreckt. Ich habe Sie belohnt, um Ihrem Herzog nicht zurück zu stehen. Wenn nicht alle Plane auf Lauretten wegfallen, so fürchten Sie meine Rache. (Tinto tritt ein.) Ein andermal mehr davon. Nun, Tinto, wie steht's mit Lauretten?

Tinto. Da möchte ich wohl Ew. Eminenz fragen. Ich komme, ihre Traurigkeit rege zu machen, und dann sie wieder zu lindern.

Kardinal. Wie! Laurette ist nicht in Pisa. Und wo wäre sie denn?

Tinto. Ist sie nicht bey Ihnen in Rom, so weiß ich's nicht. Ich komme jezt nicht von Pisa.

Kardinal. Sie sind auf die Art ein treflicher Bevollmächtigter. Schwärmen Ihren Geschäften nach, und versäumen die meinigen. Laurette ist nach einem erhaltenen Briefe ihres Vaters, worin er ihr seine Krankheit meldet, abgereist. Nun gehn Sie also gleich nach. Und zur Strafe, daß Sie so schlecht aufpassen, soll Kampano sein Gut wieder erhalten. Ich befehle Ihnen, es ihm sogleich zu übergeben. Das Equivalent haben Sie von mir zu erwarten.

Tinto. (für sich.) Klingt's aus dem Tone? (laut.) Wie Ew. Eminenz befehlen. Komm' ich indessen gleich nicht gerade von Pisa, so bin ich doch nicht aus des Kardinals Geschäften gekommen, und habe eine der ärgsten Verrätereyen zerstört, wovon Kampano's Brief zeugen muß, denn da er ihn geschrieben, war er gewiß noch gesund. So sahe ich ihn, und in meiner Gegenwart rührte der Schlag ihn so, daß er ihn aller Sinne und Bewegung beraubte. Der Schreck über den Tod der Mutter —

Kardinal. Lauter Räthsel! Tinto, wenn dem so ist, so reisen Sie zu Lauretten, versprechen Sie ihr meinen Schutz. Lassen Sie sie sechs Trauerwochen in Pisa zubringen, und dann mag sie zurückkehren. Kommen Sie mit mir —

(ab mit Tinto.)

Gräfin. Bravo, Herr Pater! Sie können scheint es, tödten, und lebendig machen. Die

Ael-

Aeltern sind also aus dem Wege. Der Kardinal ist mit dem Temperamente der Unschuld fertig geworden. Sie ist verliebt. Lauter herrliche Aussichten! Was ich über sie vermag, soll Trotz den Drohungen des Herrn Bruders für den Herzog angewandt werden. Zu den Vorkehrungen haben wir sechs Wochen Zeit. Viel, Laurette, soll nicht aus dir werden, dafür sollen meine bezahlten Zungen Sorge tragen!

Pisa.

Laurettens Wohnung.

Lauretta allein. Hernach Tinto.

Lauretta.

Unglückliche Waise! — der Aufsicht eines Vaters, den Lehren einer Mutter — der Liebe beyder entrissen! O meine theuern Aeltern! Ihr seyd dahin. Und es drängt sich aus meiner Seele, euch glücklich zu preisen — mich glücklich zu preisen, daß ihr es seyd. Wenn ich mir den schaudervollen Augenblick denke, in dem ich euch hätte gestehen müssen, die Tugend Laurens ist dahin — wenn ich mir den fürchterlichern denke, in dem ich euch nicht hätte läugnen können, daß ich meinen Verführer noch liebe, o dann hätte ich euch gemordet, denn ihr hättet das nicht überlebt. Der Schmerz über mich hätte euch getödtet. Und hätte der Kardinal Vermögen und Gut euch wiedergegeben, würd' er euch die Seligkeit wiedergegeben

ben haben, die in der Unschuld Eures Mädchens bestand? in die ihr einen Werth setzet, — ach! den Laurette nicht zu schätzen weiß. Warum kann ich denn nicht im ganzen gränzenlosen Umfange fühlen, was mir geraubt ist? Warum schleicht ein Gift für diesen Gedanken in diesen Adern? Warum seht, sobald ich allein bin, des schönen Mannes Bild zwischen mir und dem Grabe meiner Aeltern? Warum verwehrt er mir's, darauf niederzustürzen, und heiße Thränen ihrer Asche zu weinen? Ja, die Vorsehung ist gerecht. Sie schenkt denen Ruhe, die sie verdienen, Unruhe giebt sie der reulosen Sünderin. Ein Friede hat euch in eure Gruft begleitet, und das war ja euer ganzer Friede. Ruhe, Ruhe über eure Asche! Möchtet ihr diesen ganzen Frieden mit in jenes Leben hinübergetragen haben — Möchte ewiger Nebel euch die Schande der Tochter verhüllen — die Schande, die sie zu überleben wagt — (Tinto tritt ein.) — Ach, Tinto! Sie leben doch noch, einer lebt doch noch.

Tinto. (für sich.) Gut. Ich bin nicht verrathen. (laut.) Ich war in Rom, Fräulein, um Sie auf Ihr Unglück vorzubereiten. Sie waren mir zuvorgekommen, um den ganzen schrecklichen Anblick auszuhalten.

Lau-

Lauretta. Wohl ein schrecklicher Anblick. Wie ich eintrat, lag dort die todte Mutter. Todt war sie, Tinto, so daß ich nicht einen Blick mehr erzwingen, nicht ein Wort mehr herauspressen konnte. Der mütterliche Segen, meynen Sie nicht, er hätte mir können wohlthun? Ich wandte den Blick weg, und sehe auf Kampano. Der war nicht todt, Tinto, er lebte, aber für mich war er todt. Ich stürzte auf ihn, ich küßte ihn, ich drückte seine kalten Hände. Ich wußte nicht mehr, wer ich war. Er schlug endlich die Augen auf, sahe mich, die letzte Kraft seiner Seele erhob ihn etwas. Mit einem ängstlichen Geschrey kreischte er die Worte: Tinto! Rache! und starb. Er trug Ihnen ein wichtiges Geschäft auf, das Sie aber nicht vollbringen sollen. O der Anblick war schrecklich und süß!

Tinto. Und süß?

Lauretta. Fällt Ihnen das auf? Ja wohl muß es Ihnen auffallen, daß die Tochter es süß findet, daß die Aeltern todt sind. Wissen Sie also das schreckliche Geheimniß nicht? Sie zählten auch darauf, daß dieser Laurette Unschuld ein Wunder für Rom seyn sollte. O Pater! die Aeltern sind todt! Die Unschuld ist todt! das heißt: Laurette ist todt! Die Laurette, Tinto, Kampano's
und

und Gabrielens Tochter ist wirklich todt — Wissen Sie aber, noch eine Laurette lebt — die Buhlerin des Kardinals lebt. Mit der reden Sie jezt.

Tinto. Ach, Laurette, was sagen Sie mir! Sie ist also so bald gebrochen, die Rose, die so schön und so einzig blühete? O glückliche Aeltern, daß ihr das Leiden nicht mit ins Grab genommen! Nein, Laura, das hätt' ich dem Kardinal nicht zugetraut. Der schändliche Heuchler! Er log eine so reine Empfindung für Sie. Ein Mann, der mit Beyspiel vorgehen sollte, läßt sich hinreissen, eine Unschuld zu verführen, die Engel unter sich aufgenommen hätten! O der Plan muß lange angelegt gewesen seyn! Darum war er so geheimnißvoll gegen mich.

Lauretta. Lästern Sie nicht, Tinto, wo ich entschuldige, wo ich mehr auf mich lade, als auf ihn. Sie sagten einst, der junge schöne Mann würde mir doch nicht so schnell gefährlich werden. Er wurde mir's. Ich wurde zu vertraut mit ihm, und der Mensch ließ ihn den Kardinal vergessen.

Tinto. Sie entschuldigen ihn? Sie, Laurette? O doppelt glücklich sind Ihre Aeltern, das nicht gehört zu haben, was ich hörte! Im Grabe würden sie sich umkehren. Laurette kann den Ver-

führer

führer beym Tode Ihrer Aeltern im Herzen behalten? Wie muß er Sie eingenommen haben? Wie muß er Ihre Gesinnungen umgestimmt haben, daß eine solche kindliche Liebe sich in Gleichgültigkeit verwandeln können? Kalte Tochter! deine Aeltern sind kaum im Grabe, und du klagst nicht allein nicht mehr, du findest Wollust an denen Sünden?

Lauretta. Ja, ich fühl's! Mir fehlte nur einer, der mir sagte, welch ein Ungeheuer ich bin. Sie haben Recht. Kampano und Gabriele sind vergessen, als ob sie nicht meine Aeltern wären. Ich habe um sie geweint, aber nicht wie ich sollte. Ihre Liebe wirkt nichts mehr auf mich. Mit der Unschuld ist dieser süße Trost dahingegangen. Ich will noch einmal ihrem Grabe mich nähern. Ich will mich dort niederwerfen. Ich will ihre Seelen aus den Wohnungen der Seligen herabziehen. Sie sollen mir sie wiedergeben, meine Unschuld. Ein Fehltritt wird sie ja nicht auf immer dahingenommen haben. Ich fange an zu fühlen, Tinto, was ich verloren habe. Die Vergebung meines Fehlers. Hätten sie diese Beide über mich ausgesprochen, so wäre ich ruhiger. Ich will sehen, ob ich's von ihrer Asche erlangen kann.

(ab.)

Tin-

Tinto. Wie viel vortrefliche Entdeckungen auf einmal! Das Mädchen ist verliebt, hat Temperament, so viel, daß der Tod ihrer Aeltern das Andenken an den schönen Kardinal, und vielleicht an den schönen Augenblick nicht einmal vergessen machen kann. O du schöne Chimäre Tugend! Bey dieser hätte man dich unwankbar geglaubt. Und dahin bist du — leichter dahin, als bey einer verschmitzten Kokette. Saubre Eminenz! Ey! ey! Das brauchte also Tinto nicht zu wissen? und sollte dennoch das Gut herausgeben — und das Equivalent erst erwarten. Und Ew. Eminenz hatten doch schon geschmaußt, und wie es den Anschein hat, königlich geschmaußt, geschwelgt mit der himmlischen Laurette. Meynen Sie etwa, ich gäbe nicht wieder das Gut darum zurück, diese erste Frucht gehabt zu haben? Freylich mußt du dir das vergehen lassen, Tinto. Daß sie aber einst noch einmal mein werden wird, daran verzweifle ich nun nicht. Ew. Eminenz werden aber schwerlich wieder Freude an ihr finden. Ich müßte kein Menschenkenner seyn, wenn ich nicht so viel Haß als Liebe hervorzubringen im Stande wäre. Aber eine Person von Ew. Eminenz Verdiensten müssen wir an Dero Stelle parat halten, denn des Mädchens Temperament zu unterdrücken, das wäre ewig schade. Morgen also

nach

nach Rom, um den Fang zu thun. O Tinto! wärst du doch schön. Aber mit der Ourangoutang = Physiognomie, und den verschiedenen Auswüchsen. Laß dich den Teufel nicht blenden, bleib beym Geldkasten, und suche da dein Heil.

Kirchhof in Pisa.

Laurette, (auf dem Grabe ihrer Aeltern sitzend.)
Hernach Tinto.

Lauretta.

Ich habe gebetet, und habe geweint. Aber Beten und Weinen war wie ein Traum verschwunden. Ich habe mir Kampano und Gabrielen vorgestellt, und sie lächelten. Ich habe starr auf ihre Gräber gesehen, um in Ihnen sie zu erblicken, und sie lächelten. Ist dieses Lächeln Trost? Soll es mir Verzeihung bedeuten? O daß ich nur ein Wort, nur ein einziges Wort von euch hörte, daß ihr nur einmal mir erschienet, und ich nicht dieses Lächeln auf meine Einbildungskraft rechnete! Habe Mitleiden, gütige Vorsehung! Nein — ich kann nicht mehr beten. Ihr schlaft sanft, theure Aeltern, ihr habt Ruhe, aber eure unglückliche Laura hat sie nicht. Ich will zu ihm, ich will die Sünde von ihm verziehen haben, die ich mit ihm beging. Kann er es nicht, so mag er den heiligen Vater darum bitten — Die Sünde sag' ich — und mein

Herz widerspricht. Und der Trieb, sie wieder zu begehen, liegt in mir — und verläßt mich an dieser heiligen Stelle nicht (Sie erblikt Tinto.) Kommen Sie, verbergen Sie mich Elende vor mir selbst.

Tinto. Ich bringe Ihnen Trost, Lauretta. Wie Sie von mir gingen, sahe ich Ihren Vater.

Lauretta. Sie sahen ihn, Tinto?

Tinto. Ja. In der Gestalt eines Verklärten kam er zu mir. Er sahe mich lange an, dann sprach er: Ich habe die Ruhe gefunden, die ich so lange suchte. Ich bin glücklich mit meiner Gattin. Laurette wird es auch seyn, seyn Sie ihr Vater!"

Lauretta. Das sollen Sie auch seyn. Hier an eurem Grabe, unvergeßliche Aeltern! hier gelobe ich's, ihn zu meinem Vater anzunehmen, und in allem zu folgen, was er mir sagt. Und nun noch einen Kuß auf eure Asche.

(Sie küßt den Grabhügel zweymal, und geht mit Tinto ab.)

Rom.

Rom.

Palast des Fürsten.

Der Fürst. Tinto.

Fürst.

Können Sie denn des Kardinals Geschäften noch so viel abbrechen, daß ein andrer Freund Sie auch einmal sieht? Wie machen Sie es, daß selbst, die Sie hinten an setzen, Ihnen gut bleiben? und warum kann ich nicht böse auf Sie seyn, wenn schon ein halbes Jahr verflossen, seitdem Sie keinen Fuß hieher setzten?

Tinto. Ich verdiene Ihre Vorwürfe ganz. Aber späte Reue, Ew. Durchlaucht, bleibt immer Reue, wenn sie schon der frühern Werth nicht hat.

Fürst. Keine Entschuldigung. Ihre Wirkungskreise erfodern oft halbe Jahre. Sie gleichen dem Zirkelgange der Planeten, die, so langsam sie uns zu laufen scheinen, doch an Ort und Stelle kommen. Wenn Tinto ein Ziel einer Unternehmung gesetzt, so wankt er nicht von seinem Wege. Das haben wir aufs neue an der schönen Pisana gesehen. Der Kardinal ist ein glücklicher Mann.

Tinto. Die Entdeckung kömmt wohl von Seiten der Medina —

Fürst. Nennen Sie mir nur den Namen nicht. Trauen Sie mir nur nicht zu, daß ich mit dieser Verworfnen anders ein Wort reden würde, als wo Nothwendigkeit und Anstand mein Ja oder mein Nein erfordern. Man ist bey ihr seines Lebens, seines Beutels und seiner Gesundheit nicht sicher. Sie opfert zweyen Götzen, der Wollust und dem Geize, und die Giftmischerey muß sie in Pacht genommen haben, denn es trägt sich kaum ein so trauriger Fall in Rom zu, ohne daß sie dabey die Hand im Spiel hätte. Wenigstens ist sie dafür ausgeschrieen, und der Ruf kann einen wohl schüchtern machen. Mich dauert die Pisana nur.

Tinto. Und warum die gerade? Ew. Durchlaucht sind sonst um das Schicksal von Buhlerinnen nicht sehr bekümmert.

Fürst. Sie ist aber die schönste, die ich gesehen, und zur wirklichen Venuspriesterin eingeweiht, würde sie der Hauptstadt Italiens Ehre machen.

Tin-

Tinto. Diesen Glanz Rom zu geben, käme wohl nur auf euer Durchlaucht Willen an.

Fürst. Also ein Vorschlag. Nun, daß Pater Tinto so ganz umsonst zu mir gekommen seyn sollte, vermuthete ich gleich nicht. Aber wenn der Kardinal ihrer schon überdrüßig ist —

Tinto. Das müßte wunderbar zugehen. Er genoß sie nicht mehr als Eine glückliche Nacht. Der Zufall entriß sie ihm. Sie ist in Pisa. Er brennt vor Verlangen nach ihr, und sie soll keinen seiner Augenblicke ihm wieder süß machen.

Fürst. Davon wäre die Consequenz, daß er's mit dem Freunde Tinto verdorben. Wohlan, für eine Laurette läßt sich wohl etwas wagen, und vor dem Kardinal muß Tinto mich sichern.

Tinto. Ew. Durchlaucht müssen aber nach Pisa reisen.

Fürst. Schon recht. Instruiren Sie mich nur von allem, was ich zu thun und zu lassen habe.

Tinto. Ew. Durchlaucht dürfen mit Ihrer Liebenswürdigkeit nur einen Anstrich von zärtlichen Empfindungen verbinden. Dann Zurückhaltung — denn das Mädchen ist kraß tugendhaft —

Fürst. Ich will mich zu nehmen suchen. Aber wie in aller Welt konnte die Tugend stolpern?

Tinto. Den ersten Schritt erleichterte der Kardinal, aber den zweiten, das versichere ich Ew.

Durch-

Durchlaucht, den zweiten bewirkt das Temperament ganz allein. Sie wird Ihnen gewiß auf halbem Wege entgegen kommen.

Fürst. O das liebe ich sehr. Ich sehe schon im Geiste voraus, Laurette wird mir angenehmer werden, als alle Damen Roms. Eine Gewissensfrage: Haben Sie etwa schon einen Kuß erhalten?

Tinto. Durchlaucht! Ich bin ihr Vater, sie ist meine einträgliche Tochter.

Fürst. Gut! gut! Ich habe den Pater Tinto immer trotz seiner verunglückten Gestalt im Verdacht. Aber freylich väterliche Behandlung —

Tinto. Noch eins, Fürst. Laßen Sie sichs nicht befremden, wenn Sie in Pisa nicht zum Zweck kommen. Der noch nicht vergessene Tod ihrer Aeltern, die Anhänglichkeit für den Kardinal, die Freundschaft für die Medina, die sie für die keuscheste Vestalin hält —

Fürst. (lacht.) Das ist ein Effekt, den die Gräfin wohl zeitlebens nicht für möglich gehalten hätte. Das muß sie ins Register der Seltenheiten eintragen. Weiter —

Tinto. Diese Umstände machen es nothwendig, daß sie Roms Luft erst wieder einhaucht, die Gräfin und den Kardinal verachten lernt. —

Fürst.

Fürst. Schon genug! Nun seh ich die ganze Karte durch — Bravo — Ich stimme in alles.

Tinto. So reise ich vorweg, bereite die liebe Taube vor, und erwarte Sie —

Fürst. Ganz gut, ich werde nicht säumen.
(Tinto ab.)
Ich habe den Kardinal lange um das Mädchen beneidet. Wenn ich sie aber auch besiege, wie lange werd' ich sie schön finden? Zur Standhaftigkeit bin ich wahrhaftig nicht geboren.
(ab.)

Pisa.

Laurettens Wohnung.

Tinto. Lauretta.

Tinto.

So ist's, Laurette, wir saugen falsche Begriffe von der Tugend ein. Insbesondre ist Ihr Geschlecht dem ausgesetzt. Berauschung der Sinne nimmt unserer Seele den freyen Willen, und läßt unsern Körper spielen, welches Spiel er will. Dadurch verschlimmern wir uns weiter nicht; denn die Sinne wurden uns zum Genuß gegeben. Wer sie zu brauchen weiß, um sich Freuden zu schaffen, die Andern nicht schädlich sind, der wendet sie zweckmäßig an. Ihre Freuden mit dem Kardinal sind Ihnen nicht schädlich gewesen. Ihren Aeltern wären sie schädlich gewesen, weil sie ihre Ruhe gestört hätten. Dem Schaden hat der Himmel abgeholfen, und dadurch Sie von dieser Schuld befreyet. Des Kardinals Schuld bleibt. Er that Ihnen durch den Schaden, den er Ihren Aeltern that, immer zu viel.

Lau-

Lauretta. Ihn aber berauschten Sinne, wie mich —

Tinto. Das ist der Zankapfel unter uns; daß sie ihn berauschten, gebe ich zu — daß aber Ihre Verführung vorher bedacht und bestimmt war, das bin ich auch überzeugt —

Lauretta. In welches gehässige Licht setzen Sie da den Mann, den ich liebe!

Tinto. In kein gehässigeres, als er es verdient. Ich fürchte, die Gräfin Medina ist im Einverständnisse gewesen. Ich fürchte, der ganze Plan, mich zum Mittelsmann bey Ihres Vaters Verlust zu gebrauchen, war auf Sie angelegt; ich fürchte sogar, er hat mit jenem bösen Buben Salbezzino Verbindung. Dann, Laurette, ist der Kardinal gerade der Mann, den Sie nicht lieben dürfen. Lieben Sie meinetwegen alle Männer der ganzen Welt, nur den nicht, der Sie verführte.

Lauretta. Tinto! Ich muß nach Rom, muß dieses Geheimniß entwikeln, muß sehen, wie die Gräfin mich aufnimmt. Ich fürchtete diesen Schritt. Ich hatte ihn schon ganz aufgegeben, schon fest beschlossen, ich wollte von dem mir so werth gewordenen Geschwisterpaar mich trennen, und einsam mein Leben verweinen. Jezt will ich's anders.

Tinto. Das wollt' ich Ihnen auch sehr rathen. Mich selbst benebelte der unerwartete Tod Ihrer Aeltern, meiner so lieben Freunde, auf einige Zeit. Ich zürnte ungerecht auf Sie, denn Leidenschaft wirkt immer übers Gefühl hinaus. Jede Minute verschlingt ein kaum merkliches Körnchen der Traurigkeit, aber viele zehren sie endlich ganz auf. Ich will als Vater Sie nach Rom begleiten. Meine Pflegetochter soll mir Ehre machen. Bey der ersten Zusammenkunft aber mit der Medina will ich nicht seyn, denn jeder Verdacht würde mir von Ihnen schrecklich seyn.

(Ein Bedienter tritt ein, und sagt Tinto leise etwas.)

Tinto. Laurette! Der Fürst aus Rom ist da, und will mich besuchen. Erlauben Sie, daß ich ihn hier empfange?

Lauretta. Der Vater braucht die Tochter nicht zu fragen. (Tinto winkt, der Bediente ab.) Bin ich zur Last, so gehe ich.

Tinto. Nichts weniger. (Der Fürst tritt ein.) Willkommen in Pisa, Ew. Durchlaucht. Hier stelle ich Ihnen Lauretten Kampano, die Tochter Ihres ehemaligen Freundes vor.

Lauretta. Kannten Ew. Durchlaucht meinen Vater?

Fürst.

Fürst. Nur als meinen Lehrer. Die letzte Zeit seines Aufenthalts in Rom beschäftigte er sich viel mit mir als Knaben. Ich dank' ihm manches, was ich gelernt. Und ich freue mich, in seiner Tochter einen Engel zu finden, und würde mich noch mehr freuen, wenn ich ihr nur in etwas vergelten könnte, was er für mich that. Aber wenn ich mich nicht irre, sah ich Sie schon bey der Gräfin Medina. Und habe ich nicht falsch gesehen, so sind Sie die schöne Laurette aus Pisa, die so viel Aufsehen machte, die man so sehr vermißt, die alle Zirkel, in denen sie war, so gern wieder zurück hätten.

Lauretta. Wenn das ist, Ew. Durchlaucht, so hab' ich es gewiß meinen Protektionen, nicht mir selbst zu verdanken, daß man meine Abwesenheit bemerkt.

Fürst. Sehr bescheiden. Wie gefiel Ihnen Rom? Werden Sie zurückkehren, und Viele wieder fröhlich machen, die jetzt trauern?

Lauretta. Wie Rom mir gefallen, kann ich selbst nicht sagen. Der erste Eindruck trügt. Zurückkehren werd' ich. Ob aber so vergnügt seyn, wie ich war, da ich hier verloren, dort viel verlieren kann —

Tinto. (heimlich zu ihr.) Verrathen Sie sich doch nicht, Laurette, wer wollte das Herz stets auf der Zunge haben.

Fürst.

Fürst. Ich nehme außerordentlich viel Antheil an Ihrem Schicksale, Laurette. Ich wünschte, Sie schenkten mir Ihr Zutrauen. Vielleicht könnte ich zu ihrem Besten etwas thun.

Tinto. Ew. Durchlaucht gelten viel bey Sr. Heiligkeit, Laurette, und da es sehr wahrscheinlich ist, daß Ihr bisheriger Beschützer nicht viel mehr für Sie wird thun können, so nehmen Sie immer meinen väterlichen Rath an, sich die Freundschaft Ew. Durchlaucht zu erhalten.

Lauretta. An eine Pflicht, die ich ohnedem kenne, brauchen Sie mich nicht zu erinnern. Ein Freund meines Kampano muß auch meine ganze Achtung haben. (mit einer Thräne im Auge.) Ich will aber Ihre Beschäftigungen jezt nicht stören.

(Sie entfernt sich.)

Tinto. Sehen Sie, wie ihr die Augen voll Wasser wurden, da ich ihr ihren Kardinal verdächtig machte! O, er hat sich in dieses Herz so einzuschleichen gewußt, daß nur die Disposition, die ich dagegen gemacht, ihn herausreißen kann.

Fürst. Und dem Kardinal kann ich's nicht wohl verdenken, wenn er um ihrentwillen den Ansprüchen auf den Himmel entsagen möchte. Und um diese erste Nacht könnte ich ihn morden, wenn es möglich wäre, sie ihm dadurch ungenossen zu machen. Hat er sie noch nicht in Trauer gesehen,

Tin-

Tinto, so wagen Sie immer sehr viel, sie vor ihn kommen zu lassen, wenn Sie sie ihm entreißen wollen; mir würden Sie sie nicht mehr entziehen, und arbeiteten Sie nicht für mich, so würde ich Ihren Hindernissen Unmöglichkeit in den Weg zu legen suchen.

Tinto. Rache, Ew. Durchlaucht, ist süß, und in diesem kann ich sie nicht süß genug nehmen. Ich sage Ihnen keine Unwahrheit, daß Laura die vierzehnte Schönheit ist, die ich ihm zuführe. Waren sie nicht alle von Laurens Werth, so waren sie doch Gegenstände, die sein ganzes Blut in Wallung setzten, und ihm entzückend schienen. Nur angenommen, daß jede einmal seine Wünsche ganz erfüllt hat, so war er vierzehnmal durch mich im Himmel, und was bin ich dafür? Pater Tinto, der ich war. Himmelswonne sollte wenigstens mit Erdenseligkeit belohnt werden, und seine paar Zechinen können mir die nicht geben. Noch würd' ich alles ertragen haben, denn ich war ihm in der That sehr gut, aber Offenherzigkeit und Zutrauen muß mir niemand entziehen, für den ich mich aufopfere. Laurettens Genuß wollte er mir verhehlen. Erst durch sie selbst erfuhr ich ihn. Glauben mir Ew. Durchlaucht, hätte er mir seine Wonne geschildert, seinen Triumph in freundschaftlichen Augen mich lesen lassen, hätten seine Arme zum

Dan=

Danke dafür mich umschlungen, er hätte sie behalten sollen, und ich hätte keine Belohnung gewollt; aber Kälte, Herabsetzung — das sind Pater Tinto's Antipathien.

Fürst. Da wird Ihnen niemand Einwendungen machen — doch aber weiß ich, daß Pater Tinto eben kein Feind vom Golde ist, und einen Beutel Zechinen, wie diesen hier, anzunehmen, mir nicht abschlagen wird, der keinesweges die Bekanntschaft mit Lauretten bezahlen, sondern ihm nur zeigen soll, daß ich den Werth derselben zu schätzen weiß. Uebrigens versichre ich Ihnen, daß, wenn Sie mich in des Kardinals Himmel führen, ich Ihnen mit den offensten Armen entgegen kommen, und Sie die ganze genossene paradiesische Wonne in meinen Augen lesen werden.

Tinto. (nimmt den Beutel lächelnd.) So etwas ausschlagen, hieße sich selbst nicht der Nächste seyn wollen. Ueberhaupt bleiben mir außer dem Gelde wenig Quellen zur Seligkeit übrig. Ich bin in dem Falle, alles mit Golde aufwiegen zu müssen, was Andern Vorzüge und Verdienste verschaffen. Ich sehe einer Zukunft entgegen, die äußerst traurig seyn würde, wenn ich mich nicht darauf vorsähe, mir durch dieses Metall Bequemlichkeiten zu erzwingen. Meine Laufbahn wird sich schwerlich weiter erstrecken, da der Kardinal es für gut

zu

zu halten scheint, mich in meiner kleinen Sphäre zu lassen. Jezt, da ich vollends mit ihm breche, ist nichts für mich zu erwarten. Die Brüder meines Ordens, die mich darin bildeten, fanden meinen Kopf zu gut für Wissenschaften, und wandten ihn also auf Intriguen, und da ich diese nie für mich, sondern immer für Andere ausarbeiten lernte, so ist es mir zur andern Natur geworden, an jeder Intrigue, die ich schon angelegt sahe, Theil zu nehmen. Das kann mir einmal übel bekommen, mich ganz aus diesem Fache heraussetzen, und es würde mir dann wie vielen meiner Amtsbrüder gehen, die froh sind, wenn sie unter tausend Herabwürdigungen von denen das Gnadenbrod erhalten, deren Glückseligkeit sie gründeten, oder doch dazu beytrugen. Aber verzeihen Ew. Durchlaucht, daß ich Sie so lange von mir selbst unterhalten habe.

Fürst. Wenn alle Menschen so unparteyisch von sich selbst sprächen, wie Sie, so würde man jeden gern seinen Panegyriker seyn lassen. Jezt will ich aber gehen, um Lauretten allen Verdacht zu benehmen; suchen Sie ihre Abreise nach Rom zu beschleunigen.

———

Klo-

Klostergarten vor Pisa.

Bedeckter Gang in demselben. Aussicht auf das Kloster.

Lauretta. Der Fürst, (auf- und abgehend.)

Lauretta.

Es scheint, ich werde es bereuen müssen, gegen Ew. Durchlaucht offenherzig gewesen zu seyn. Wüßte Pater Tinto es, ich hätte lange einen Verweis. Sie wollen mich auf Proben setzen, die ich auszuhalten zu unerfahren bin.

Fürst. Und wie ließe sich das auslegen? Ich rede bloß von dem Fall, wenn der Kardinal nicht in dem Lichte bleiben sollte, in dem er steht. Bleibt er der Edle, nur zu leicht zu entschuldigende, weil Ihr Anblick ihn in den Augen der ganzen Welt entschuldigen muß, nun dann ist's billig, daß Ihre ganze Anhänglichkeit ihm bleibt.

Lauretta. Nur dehnen Ew. Durchlaucht diese nicht weiter aus, als sie nach den strengsten Gese-

Gesetzen der Tugend auszudehnen ist, die ein Fehltritt darum noch nicht vernichtet.

Fürst. Sie vergessen immer, daß der Fehltritt nur auf des Kardinals Seite Fehltritt ist.

Lauretta. Das wollen Sie, und das will Pater Tinto mir immer beweisen, und ich fühle mein Herz und meine unbesiegbare Eigenliebe nicht abgeneigt es zuzugeben. Aber ein innerer Widerspruch kämpft doch gewaltig dagegen. Indessen angenommen, er ließe sich bey mir entschuldigen, da Sie einmal der Natur so viele Rechte über Gefühl, Erziehung und Grundsätze zugestehen, so sehen Sie doch wohl ein, daß um des Kardinals willen diese Neigung nur Seelenneigung bleiben kann.

Fürst. Und wenn sie um des Kardinals willen das bleiben müßte, glauben Sie, daß Sie glücklich dabey seyn würden, und glauben Sie, daß ein Mann, der nicht Infallibilität an sich trägt, gleichgültig bey Ihrem löblichen, aber strengen Entschlusse seyn würde?

Lauretta. Sehen Sie die Aussicht vor uns. Die könnte mich und ihn schützen.

Fürst. Das heißt Sie und ihn begraben. Ihn in ewige Unzufriedenheit, Sie in ewiges Schmachten. Ein schöner Himmel auf Erden!

Lauretta. Schmerzhafte Arzney; aber doch immer Arzney, weil, so bitter sie schmeckt, sie das Uebel hebt.

Fürst. Sie nennen den Genuß das Uebel, der gerade nicht in diese Rubrik gehört.

Lauretta. Ihre Grundsätze sind so verführerisch, daß ich um meiner Ruhe willen Sie bitten muß, sie ganz als Ihr Eigenthum zu betrachten, und mich nicht daran Theil nehmen zu lassen.

Fürst. In der That sollte ich mich auch eigentlich hüten, dem Kardinal so sehr das Wort zu reden. Aber drehen Sie den Fall um. Nehmen Sie nun, daß Ihre Aufopferung prämeditirt war, nehmen Sie, daß Sie, wie Sie sagen, den Kardinal hassen könnten, so fiele doch wohl nicht weg, daß ein Andrer Ihre Liebe verdienen dürfte?

Lauretta. Ich bitte Ew. Durchlaucht. Wie gesagt, Ihr Scherz trifft ein Mädchen, das zu einfältig ist, ihm zu entsprechen. Haben Sie wenigstens Mitleiden mit meinen Schwachheiten.

Fürst. Ich verehre Sie; aber Sie müssen auch nicht unbillig seyn. Man nimmt Theil an Ihrem Schicksale, hört Ihre Klagen über Ihr Temperament, Ihre Liebe, und die unglückliche Wahl Ihres Herzens mit an, man fühlt, man möchte Gott seyn — nur auf einen Augenblick es seyn,

…yn, um Ihre ganze Trauer in Freude zu wandeln; — aber dafür sind Sie in der That die Vereltung schuldig, daß Sie Mitleiden haben müssen, aß diese unglückliche Wahl Andere mit unglücklich nacht, daß Sie anhören müssen, wie Andere ohne Hofnung doch für Sie fühlen, und aufrichtiger ühlen, als vielleicht der Gegenstand Ihres Herzens — wenigstens mit einem Rechte —

Lauretta. Mit einem Rechte, sagen Sie? Welches Recht könnte das seyn?

Fürst. Laurette! das Recht, daß keine Gelübde uns binden. — Sie seufzen! Wie sehr, himmlisches Mädchen, zeugt das von Ihrem Gefühl! Wenn er es doch werth wäre, einen solchen Seufzer zu verdienen! — so eifersüchtig ich auf ihn bin, ich wollte ihn doch ihm gönnen — Aber wenn er es nun nicht werth ist, auch dann soll ich nicht hoffen? Auch dann soll sie vor mir vorübergehen, die Glückseligkeit, die vielleicht mein hätte werden können? — Doch vielleicht bin ich gerade Ihnen unausstehlich?

Lauretta. Warum wollen Sie aus meinem Munde etwas pressen, was ich vor meinem eignen Herzen noch nicht verantworten mag. — Sie sind grausam, Fürst!

Fürst. Das wollte ich nicht seyn. Auch will ich Sie verlassen, wenn Sie es wünschen —

Lauretta. Wenn ich bitten darf — ja — Nicht, als ob mir Ihre Gesellschaft nicht länger angenehm wäre, sondern weil Sie mich zu Thränen zwingen würden, wenn Sie länger blieben, und ich habe Ihnen schon zu oft vorgeweint.

Fürst. Wären Thränen nicht Zeichen der Leiden, so wären selbst Laurettens Thränen angenehm. Ich gehe — nur noch eins versprechen Sie mir. Gehen Sie bald nach Rom, um das für mich so schreckliche Geheimniß zu entwickeln.

Lauretta. Ja, und ich werde morgen reisen.

(Er küßt ihr die Hand, und geht ab.)

Ja, das schreckliche Geheimniß! für mich es so sehr, wie für dich. O Herz! Herz! was soll aus dir werden? Du glaubtest mit unwandelbarer Treue am Kardinal zu hängen, und schon hat dieser sich wieder hineingeschlichen. Oder soll das Temperament seyn, wovon diese Beide nicht aufhören, mit mir zu reden. Unglückliches Geschenk der Natur! Bist du da, um jedem Begriffe zu wider predlen, der in mir aufgekeimt, und durch Erziehung fest geworden war? Soll ich durch dich zu Grunde gerichtet werden? Ha! wie das schwankt! Der Kardinal und der Fürst! Der erste, gewiß ohne Rechte auf mich, mein Verführer — der zweite, mit Rechten auf mich, mit dem Bewußtseyn meines Fehltritts, so liebevoll — und dabey noch so gerecht gegen meinen Verführer! — O er ist sehr edel! — Aber ich will auch dahinter kommen, und ist der Kardinal vorsetzlicher Räuber meiner Unschuld, so sey er verbannt — hinweggerissen aus dem Herzen, und sollte die Wunde nie wieder heilen!

> (Sie wirft sich auf eine Rasenbank, und schlummert ein. Der Fürst geht leise hinzu, küßt sie, und entfernt sich.)

Anderer Gang des Gartens.

Tinto (geht spazieren.) Der Fürst (eilt auf ihn zu.)

Fürst.

Ich habe sie geküßt, Tinto! Schlummernd hab' ich sie geküßt! Zum erstenmal diese Wonne gefühlt! O! wenn ich sie erst wachend fühlen werde! Und morgen, Tinto, morgen geht's nach Rom. Und in wenig Tagen ist mein Schicksal entschieden, und wie Sie versichern, glücklich entschieden.

Tinto. Ganz gewiß glücklich entschieden. Aber nehmen Sie Ihren Zeitpunkt wahr. Seyn Sie ja nicht abwesend, wenn Laurette von der Gräfin zurückkehrt. Das ist der Augenblick, wo der Sieg gewiß ist. Für alles übrige brauchen Sie nicht zu sorgen. Jede Gefahr und jedes Hinderniß räume ich.

Fürst. Und was mach' ich denn aus Ihnen, wenn Sie das alles glücklich vollenden?

Tinto. Aus mir, Fürst, kann nur ein Kardinal etwas machen. Lassen Sie mich nur Ihren Freund bleiben, so hab' ich denn doch auf gefährliche

che Fälle eine wichtige Stütze, und die sind bey mir stündlich bevorstehend.

Fürst. Ja, Tinto, in der Reihe derer sollst du oben an stehen. Ist gleich Beständigkeit meine Tugend nicht, so ist doch Undank auch keins meiner Laster.

Tinto. Die erste erwarte ich auch nicht von Ihnen, und gerade eine solche Denkungsart gehörte dazu, um aus Lauretten das zu machen, was ich aus ihr haben will.

Fürst. Kommen Sie, wir müssen sie wecken. Auf dem feuchten Rasen schläft sie zu gefährlich. Es könnte ihrer Gesundheit schaden, und ich muß sie mir gerade so frisch erhalten, wie sie da ist.

Beide (ab.)

———

Rom.

Rom.

Palast der Gräfin Medina.

Gräfin. Lauretta.

Gräfin (etwas gezwungen.)

Warum, liebe Laurette, sollte ich Sie nicht eben so sehr lieben? Einmal bin ich nicht so bigott, Schwachheiten jemanden zuzurechnen, und dann, muß ich Ihnen aufrichtig gestehen, zähle ich auch Ihre Sache nicht einmal dahin. Wenn ich mit Ihnen von Tugend sprach, so gehörten eine redliche Freundschaft, rechtschaffne Offenherzigkeit, nützliche Handlungen, keinesweges aber solche Galanterien dahin.

Lauretta. Dergleichen hörte ich doch nie von Ihnen, theuerste Gräfin.

Gräfin. Sehen Sie, Kind, Sie hatten die Freuden der Liebe noch nicht geschmeckt, und das ist der Fall, wo man zurückhaltend seyn muß. Nicht wegen des Vorurtheils, als wenn das wider

die

die Sittlichkeit wäre, sondern weil man keiner die Freude der Ueberraschung verderben soll. Jezt kennen Sie sie. Jezt können wir ganz offen darüber sprechen, denn wir sind uns gleich.

Lauretta. So verehrungswerth mir immer Ihre Güte ist, Gräfin, so muß ich gestehen, der Ton befremdet mich etwas, und ich hätte nicht erwartet, so schnell Verzeihung zu erhalten.

Gräfin. Was ist da zu verzeihen? Nur ein Umstand, bestes Mädchen, ist übel dabey.

Lauretta. Wie so, Gräfin? Erklären Sie sich. Schonen Sie meiner im geringsten nicht.

Gräfin. Es war unbesonnen vom Kardinal, daß er Sie in seinen Palast mitnahm. Dieses hat zu einer Persiflage Anlaß gegeben — Wäre es hier geschehen, so hätte kein Mensch etwas erfahren. So ist's in manchen Häusern —

Lauretta. Also mein Ruf dahin! Ich gebrandmarkt —

Gräfin. O weh! welche Ausdrücke! Man hört's, meine Beste, daß Sie wieder einige Wochen in Pisa gewesen. Lassen Sie das ja niemanden hören. Das ist nichts weiter, als daß ein paar Mäuler sich lustig machen. Sie werden dem Uebel gleich abhelfen. Meinen Bruder, wenn er auch wollte, muß ich abhalten, für Sie etwas zu thun; sein Kredit bey Sr. Heiligkeit könnte dadurch

durch ganz zu Grunde gehen. Unter jemandes Schutz müssen Sie sich aber doch begeben. Sie kennen den Herzog. Mit diesem habe ich Ihrentwegen gesprochen. Und in der That, er nahm meinen Antrag mit anscheinendem großen Vergnügen an.

Lauretta. In der That, gnädige Gräfin, ich verstehe Sie ganz und gar nicht.

Gräfin. Freylich, Kind, weiß der Kardinal sich verständlicher zu machen. Weil ich's Ihnen also deutlicher sagen muß, so wissen Sie, auf den Fuß, wie Sie bey mir gelebt haben, können Sie nicht fortleben. Man weiß, Sie haben sich dem Kardinal ergeben. Sie gehören nun unter die galanten Damen Roms. Sie kennen verschiedene Fürstinnen, Gräfinnen, Markisen, deren Beschützer und respektive Liebhaber ich Ihnen auch genannt. Sie werden des Herzogs Geliebte, er schafft Ihnen einen Titel, und Sie brilliren mehr als vorher. Er nimmt Sie noch dazu gern an.

Lauretta. In der That, nimmt er mich gern an? Wahrhaftig, Gräfin, auf einmal ist's mir bey Ihnen so hell geworden, daß ich glaube, ich könnte verblinden. Sie, die tugendhafteste aller Weiber, können mich so artig verkuppeln? Nein, gnädige Frau, da erwart' ich doch von Ihrem Bruder etwas andre Vorschläge.

Grä-

Gräfin. Verlassen Sie sich auf den nicht. Ich denke, im ganzen Projekte stand nichts davon, als er um Ihrentwillen nach Pisa schickte.

Lauretta. Er schickte um meinetwillen nach Pisa? Der Kardinal, Ihr Bruder, ehe ich hieher kam? —

Gräfin. Auch erwähnte er dessen nicht, als er mir auftrug, Sie zu mir zu nehmen, und mir meine Rolle zu spielen gab — noch weniger, als er mir die Freuden der köstlich mit Ihnen durchschwelgten Nacht mittheilte.

Lauretta. Gräfin! Sie machen mich unsinnig. Ist das wahr? so wie Sie da sagen, wahr? — O um der Barmherzigkeit des Himmels willen, läugnen Sie es ab —

Gräfin. Ich soll läugnen, was wahr ist? Halten Sie sich nicht dabey auf — Ihr Entschluß muß schnell gefaßt werden, sonst zieht der Herzog wieder zurück.

Lauretta. O lassen Sie ihn in die Verdammniß ziehen, und Sie zur würdigen Begleiterin mit dahin nehmen. Sie konnten mich so hintergehen, Sie so sich verstellen!

Gräfin. Wie Sie gesehen haben, Kind. Die Raserey kleidet Sie recht schön, aber sparen Sie sie zu künftigen Auftritten. Sie werden sie vielleicht noch einmal im Ehestande brauchen, wenn

der

der Ihnen glücken sollte. Was soll ich dem Herzoge antworten?

Lauretta. Noch einmal, ist das Ihr Ernst? Oder hab' ich vielleicht durch unvorsichtige Aufwallung Sie in Hitze gebracht? Ist der Kardinal nicht da?

Gräfin. Er ist nicht da, und wird nicht kommen. Was soll ich dem Herzoge sagen?

Lauretta. Also wahr! Still — still mein Herz! — Sagen Sie dem Herzoge, er möchte die zu seiner Geliebten nehmen, die mich ihm verkuppeln wollen; ich verkaufe mich nicht.

Gräfin. Nicht so stolz! Wovon wollten wir denn leben.

Lauretta. Wenn ich einen Beschützer brauche, Gräfin, so wähle ich einen, den ich liebe.

Gräfin. Also wollen Sie den Herzog nicht?

Lauretta. Nein! Was braucht's da Worte? Ich verabscheue ihn.

Gräfin. O Sie Unbesonnene! Dachten Sie denn, daß ich ein pisanisches Bettelfräulein in mein Haus genommen, wenn ich nicht Absichten mit ihr gehabt? Glauben Sie, daß ich so gefällig gegen den Kardinal gewesen wäre, mich so lange in Charakter, Einrichtung und Umgang zu verstellen, wenn ich nicht geglaubt hätte, daß Sie mir am Ende diesen Zwang wieder einbringen sollten?

Lau-

Lauretta. Ich sehe, ich bin da in ein treffliches Complott gefallen. Noch aber zweifle ich daran, daß Ihr Bruder mit Ihnen gleich denkt. Es wäre schrecklich, wenn es so wäre. Er liebte mich gewiß warm, und ich ihn unaussprechlich.

Gräfin. O ja, es giebt der Damen mehr, die einen solchen Kardinal unaussprechlich lieben. Aber daß er Sie liebte, die Idee lassen Sie beyzeiten fahren. Ob Sie in die dreißig oder vierzig gehören, die er so liebte, das kann ich nicht ganz genau bestimmen.

Lauretta. Abscheulich! Also alles vorher wohl bedacht, vielleicht mit Ihnen abgeredet?

Gräfin. Allerdings mit mir abgeredet. So bizarre Erziehung, wie Sie genossen, macht immer mehr zu schaffen; aus dem Grunde erhielten Sie in der Limonade auf dem Ballsaal etwas von meinem unwiderstehlichen Temperamentsfeuer, und das hat den Sieg des Kardinals beschleunigt.

Lauretta. O Gräfin! hätten Sie die unbegränzte Achtung gekannt, die ich für Sie hatte, nimmermehr hätten Sie das an mir gethan. Wer weiß, ob Sie jemals eine so warme Freundin, eine so innige Theilnehmerin an allen Ihren Freuden und Leiden gehabt haben, und haben werden.

Gräfin. Ein Sprüchelchen aus den Zeiten des Alterthums, das in die unsrigen gar nicht mehr paßt.

paßt. Wüßten Sie nur, wie bey Ihrer Gestalt, bey Ihren wirklichen Vorzügen, und insbesondre bey dem Schritte, den Sie gethan, Ihnen das so barok kleidet. Hätten Sie sich in die Zeitläufte, und in die Lage Ihrer Sachen geschickt, Laurette, dann wäre es vielleicht möglich gewesen, daß wir Freundinnen geworden wären. Geworden wären, sag' ich, vergessen Sie diesen Ausdruck, der die Zukunft betrifft, ja nicht, denn mit der Gegenwärtigen war es so nichts. Denken Sie sich immer die Gräfin Medina als eine der intrikatesten Damen Roms, und fragen Sie, ob ihr Stolz es erlauben konnte, mit einem pisanischen Fräulein Freundschaft zu knüpfen, die noch dazu die Unschuld spielen wollte, die in Rom nur verlacht wird? Ob sie nicht bey jeder Gelegenheit hinter dem Rücken Ihrer ewigen Begleiterin lächelte, von der man wußte, sie sey den Begierden des Kardinals bestimmt? Ob sie nicht die Achseln als über ein nothwendiges Uebel zuckte, wenn man sie darauf ansah, daß sie eine so klägliche Commission über sich genommen, ihrem Bruder eine wollüstige Fete zu bereiten? Rein heraus, Laurette, sogar die Verstellung, Ihnen nur tugendhaft zu scheinen, wurde mir blutsauer. Wenn Sie mich mit Ihrer beschwerlichen Gesellschaft verschonten, so fiel die Last einer unerträglichen Bürde von mir. Meine Liebhaber haben die

ganze

ganze Zeit geseufzet, und Sie tausendmal ver-
wünscht, daß Sie Ihnen so manche Schäferstunde
raubten. Ich lebe frey, nach meiner Neigung,
ohne allen Zwang. Wollen Sie noch dieses Leben mit mir theilen, wollen Sie unter dem Schutze
des Herzogs, den Sie meinetwegen verabscheuen
und an ganz Rom für ihn sich schadlos halten können, sich mit mir zu Freuden vereinigen, die meine
schöpferische Einbildungskraft sich ewig zu erneuern
weiß, so wollen wir unsern Zwist vergessen. Eine
Nacht dem Herzoge, und alles ist geschehen.

Lauretta. Gräfin! ich fühle es jezt in seiner
ganzen Stärke, wie sehr Sie mich verschlimmert
haben. So listig verbarg sich wohl noch nie un-
begränztes Laster in Tugendschein. Sie haben
Roms Gift mir in einer süßen Gestalt mitgetheilt.
Sie warnten mich für das, was mich verderben
sollte, damit ich desto leichter in Ihre Falle fiele.
Vergeben, Gräfin, kann ich das, vergessen nicht.
Ihre Maske war schön, des Herzogs seine ist abscheulich. Ihre Schönheit verbarg eine Schlange.
Den Herzog kann nur ein Teufel entlarven. Wir
wollen meine Lage betrachten. Ihre Lehren haben meine Unschuld gestört, Sie haben mich Ihrem Bruder geopfert. Sie werfen mir den Genuß einer Nacht vor, die Sie ohne mein Zuthun
bereiteten, deren Schönheit verläugnen zu können,

ich

ich nicht Heuchlerin genug bin. Wenn ich Gefühl genug habe, sie mir wieder zu wünschen, so
sollen Sie sie nicht bereiten. Auch ständen der
Herzog und der Kardinal in zu ungleicher Parallele,
als daß ich den Abstand nicht mit dem Verlust des
Gefühls, welches ich genoß, erkaufen müßte.

Gräfin. Gelehrig genug sind Sie in der That
gewesen. Aber bedenken Sie eins: wenn ich und
der Herzog die Hand nicht im Spiel behalten, so
sind Sie verloren. Unser Wollen oder Nichtwol-
len verschließt oder öffnet Ihnen die Zirkel wieder,
in denen Sie waren.

Lauretta. Die meine Glückseligkeit, bey Gott,
so weit nicht bestimmen, als es eine Wahl meines
Herzens thut. Was kümmern mich Ihre glän-
zenden Außenseiten, die jeder aufsteigende Nebel
schwärzen kann. Ein schiefes Gesicht eines Herzogs — dessen Kreatur Sie sind —

Gräfin. Verwegne! Was unterstehen Sie
sich —

Der Kardinal (tritt plötzlich ein.)

Kardinal. Sie hier, Laurette? Und das,
Gräfin, muß ich durch die dritte Hand erfahren?
Und, wie ich sehe, beide erzürnt — wohl gar ver-
uneinigt? Ich will nicht hoffen, Medina, daß
gewisse Dinge nicht etwa durch mein Betragen gegen

gen Sie, sich noch um nichts verändert hätten. Sollten Sie Lauretten Vorschläge, sollten Sie ihr zu viel gethan — sollten Sie sie gar gemißhandelt haben, so würden Sie gewiß Ursache haben, das sehr zu bereuen.

Lauretta. Erlauben Ew. Eminenz mir nur wenige Worte. Sind Sie schuldig, so wird Ihr Zorn gegen die Gräfin Ihre Sache um nichts verbessern, sind Sie unschuldig, so verdient sie auch kein Wort, das Sie um ihrentwillen verlieren. Wenn Sie schon, ehe Sie mich sahen, meinetwegen nach Pisa schickten — wenn alle Folgen, die die Gräfin hieraus mir auf mein Schicksal deutlich gemacht, wahr sind, wenn Ihr kühlender Trank zum Unsinn mich vergiftete —

Kardinal. (wirft sich ihr zu Füßen.) Laurette! Vergebung!

Lauretta. Also wahr! Schon einmal, Ew. Eminenz, lagen Sie so vor mir, und ich vergab gern, vergab recht von Herzen. Aber da glaubt' ich, sehen und lieben wäre eins gewesen, glaubte nicht, daß Sie geliebt hätten, ehe Sie sahen, geliebt, die bloße Wollust der Befriedigung, weil Sie hörten, ich sey schön. Da dachte ich, es wäre das Feuer der Zärtlichkeit die Ursache unsers beiderseitigen Verbrechens gewesen, nicht, daß bey Ihnen vorherbestimmte Verführung, bey mir gewaltsam erregte Leidenschaft die Gründe wären, O wie fällt jezt die Wonne aller jener Empfindungen zurück!

Kardinal. Und nichts — nichts könnte das wieder gut machen? Nichts in der Welt wäre fähig, mir die Liebe meiner Laura wieder zu erwerben? Wenn ich nun meine ganze Lebenszeit Ihnen widmete, wenn ich Ihnen sage, daß zwar anfangs Wollust mein Trieb war, daß sie sich aber zur heißesten Leidenschaft umgeschaffen, daß Sie mir zu viel thun —

Lauretta. Ich kann Ihnen nicht zu viel thun, Kardinal. Sie haben mich um eine doppelte Seligkeit gebracht. Einer entrissen Sie mich, da Sie mich meinem väterlichen Hause und der Unschuld entrissen, da Sie in meinen Aeltern mir den ersten und einzigen Schatz nahmen. Noch mußten Sie mich diesen vergessen zu lehren, noch heuchelten Sie Ersatz dafür. Ich fand die Veränderung trotz ihrer Bitterkeit süß, weil Sie mir alles waren. Sie entreißen mir sich, und mit Ihnen die Seligkeit, die mir, Gott weiß es, ob nicht noch süßer war. Nun stehe ich da, entblößt von jeder Anhänglichkeit, stehe da bereit und entschlossen, mich dem Zufall in die Arme zu werfen.

Kar=

Kardinal. Nein, Laurette, das wäre eine verzweiflungsvolle Entschlossenheit —

Lauretta. Die Sie aber nie ändern werden. Ich hätte mich Ihnen ganz aufgeopfert, aber wissen Sie, Kardinal, nie um mich Ihnen zu überlassen. Das Feuer, was Sie rege gemacht, hätte mich verzehren sollen. Jezt wäre dieses Opfer Frevel. Es Ihnen bringen, hieße mich selbst vergessen. So lange ich die Schwachheit mit mir Ihre erste glaubte, wollte ich sie zur lezten machen. Da Sie ihr aber unzähligemal untergelegen, so ist's unmöglich, daß Sie gewohnte Leidenschaft dämpfen können. Sie mit Ihnen theilen, hieße mich einer weit schwereren Sünde theilhaftig machen. Habe ich Ihen meine Tugend opfern müssen, so soll mein freyer Wille die Ihrige nicht vermindern. Leben Sie wohl, und wenn Sie können, glücklich.

Kardinal. Und so kalt könnte Laurette Abschied von mir nehmen?

Lauretta. So kalt, Kardinal, als Sie sich's immer denken können. Jeder Funke voriger Wärme ist erloschen. Kein Blutstropfen kann mehr für Sie wallen. Könnte ich hassen, ich glaube, ich könnte Sie hassen. Sie, Gräfin, brauchen nicht zu sorgen, daß ich einen Triumph aus Ihrem Hause mit mir nehme. Reich kam ich zu Ihnen — bettelarm gehe ich von Ihnen. Sie haben mir viel zuwider gethan, aber wer kann der Pest wehren, daß sie sich nicht fortpflanze? Verzeihen Sie, wenn das hart ist; aber mein Verlust fordert Härte. Ich will jeden und jede, die sich mir nähert, vor Ihren Zirkeln warnen. Ich werde von dieser Höhe herabsteigen, vielleicht tief herabsteigen, aber immer noch Engel gegen Sie bleiben, und wenn ich noch so tief falle.

(ab.)

Gräfin. Woher hat sie die Verwegenheit genommen? Die Schüchterne getraute sich kaum ein Wort zu reden, und jetzt fließt es von ihrem Munde, wie von den Lippen einer gelernten Buhlerin — dahinter steckt etwas anders —

Kardinal. (der immer Lauretten nachgesehen, fährt heftig auf.) So muß es einem Verdammten zu Muthe seyn, der zum erstenmal in Qualen tritt, von denen er sich keinen Begriff gemacht. Und Sie, Medina, wollen meine Schwester seyn? Eine untergeschobne Brut mögen Sie seyn, die aus dem Samen des Geitzes gezeugt worden, und die der Neid gebar!

Gräfin. Eine liebliche Familie. In der That, Bruder, ich habe gefehlt: aber ich werde den Fehler wieder gut machen —

Kar-

Kardinal. Was hätten Sie jemals wieder gut gemacht?

Gräfin. Sie vergessen, Kardinal, daß ohne mich Laura ewig Seele gegen Sie geblieben wäre. Ich will Ihnen meinen ganzen Anschlag mittheilen. Ich wollte Ihnen Laurens zweite Nacht stehlen. Hätten Sie es nicht erfahren, so hätte Ihre Delikatesse nichts gelitten, und ich wäre hunderttausend Scudi reicher gewesen.

Kardinal. Und durch den unersättlichen Geiz verliere ich das Mädchen. Hätten Sie ihr nichts entdeckt —

Gräfin. Sie scheinen zu vergessen, Kardinal, was sie Ihnen sagte. Als platonische Freundin, glaube ich, würden Sie sich eben nicht sehr nach ihr gesehnt haben.

Kardinal. Ich hätte dem Mädchen zu gefallen alles gethan — Keusch hätte ich um Ihrentwillen werden, jedem Reize zur Wollust entsagen können —

Gräfin. Auf vier und zwanzig Stunden, Kardinal. Machen Sie das Lauretten weiß, mir nicht. Uebrigens muß ich mich über Ihre Kurzsichtigkeit wundern —

Kardinal. Die sonst doch eben nicht mein Fehler ist. Aber ich sehe weit hinaus nichts als eine Leere —

Gräfin. In deren Mitte, mich müßten meine Augen und mein Verstand denn sehr trügen, ein schöner, reizender, neuer Liebhaber Laurettens steht. Sie erwähnten einmal gegen mich, gewissen Leuten müsse man nicht blos die Augen blenden, sondern auch den Mund mit Golde stopfen. Haben Sie die Regel etwa selbst beym Pater Tinto vergessen?

Kardinal. Ha! Sie bringen mich auf eine Spur. Ich eile, ihn zu mir kommen zu lassen.
(schnell ab.)

Gräfin. Medina, das war ein Meisterstreich! So wohlfeil glaubte ich nicht davon zu kommen. Am Ende muß Tinto die Schuld tragen, und der Kardinal mir wohl noch den Verlust am Herzog ersetzen. Es brachte mich aus aller Fassung, wie er eintrat. Aber mehr noch der Herre Verwegenheit. Pisana! Pisana! dahinter steckt ein Anderer, und wehe dir, wenn es einer aus meinem sympathetischen Orden ist!

R o m.

Gasthaus auf dem Spanischen Platze.

Der Fürst. Tinto.

Tinto.

Werden Sie nur nicht ungeduldig. Sie kann nicht lange bleiben. Das Donnerwetter bricht bey der Gräfin mit dem Herzog aus. Ich hab's aus seinem eignen Munde. Der Kardinal, dem ich Ihre Ankunft berichten lassen, ist schon vorbeygefahren.

Fürst. Wenn sie sich aussöhnte, Tinto, wenn ältere Liebe zu ihm die zu mir ganz vernichtete: wenn ich, nachdem ich mich so in Brand gesetzt, Wochen ihr zu gefallen unnütz verschleichen lassen, gefastet habe an der Speise, die ich täglich geniessen muß, mich nun genöthigt sähe, bey irgend einem alten Stolpersteine den gesparten Schatz zu vergraben; wenn ich statt herzlicher, heißer Liebe und feuriger Gegenwirkung mit kalten, ekelnden

Künfteleyen vorlieb nehmen, und vielleicht den Geschmack ganz verlieren müßte, der mein Leben würzt —

Tinto. Weiter — weiter, Ew. Durchlaucht, die Ertase ist gar zu schön. O daß ich Sie noch besser in Brand setzen könnte — damit Laurette den höchsten Grad Ihres Feuers inne würde —

Fürst. Warum den Wunsch so eifrig?

Tinto. Deswegen, mein Fürst, damit Kälte, die bey Ihnen bald nachfolgen wird, desto merklicher wird, damit Laurette ganz fühlen lernte, daß es um die schwärmerische Liebe nur ein Rauch ist. Denn, so lange sie fortschwärmt, nenn' ich sie nur zum Schein, einträgliche Tochter. Gerade die ekelnden Künfteleyen, die Ihnen sonst oft werth sind, und die Sie jezt hassen, muß Laurette lernen, oder ich verfehle meinen Zweck. Wie armselig würd' es mit den Venuspriesterinnen in Rom aussehen, wenn der Geist Laurettens, der in Sie gefahren, sich einmal auf alle Wollüstlinge herabließe. Schwärmerey ist der Tod der Wollust, Ew. Durchlaucht. Für einmal läßt man das gehen, aber im Ganzen unterbleibt's. Rom könnte wahrhaftig sonst wieder Vestalen erzeugen, und unser Geschlecht sänke zur Barbarey herab, sie zu verehren.

Fürst.

Fürst. Oder als gute Prise sie mitzunehmen, wie der Fall hier seyn wird. Sagen Sie mir nur, Tinto, wie wird sie kommen?

Tinto. Erhitzt, in Wallung, aufgebracht, eine zürnende Schönheit — tausendmal schöner durch den Zorn, zehnfach erbittlicher durch die Beleidigung, suchend jemanden, der sie darüber tröstet, sich anschmiegend an den Mann, der ihr das Unrecht will vergessen machen. Da, Ew. Durchlaucht, in einem solchen Zustande, sind Mädchen Wachs, nehmen jede Biegung an, wissen gar nicht, was widerstehen ist, weil sie gar nicht glauben, daß sie widerstehen dürfen, schwanken nicht einen Augenblick. Deswegen bleibe ich auch nicht da, lasse Sie allein, komme gar nicht wieder. Nur suchen Sie sie recht auf dem Gespräch von ihrer Beleidigung zu erhalten; malt sie den Kardinal dunkel, so tuschen Sie ihn schwarz, heißt sie ihn undankbar, so machen Sie ihn zum Ungeheuer; bleibt sie an seiner Schönheit haften, so bedauern Sie mit einem tiefen Seufzer, daß niemand fähig ist, den Verlust zu ersetzen. Die nöthigen Außenseiten, das Blut in Wallung zu bringen, verabsäumen Sie nicht. Sie haben deren genug in Ihrer Gewalt. — Ich höre den Wagen. Morgen früh, Fürst, komme ich, und umarme sie als Sieger.

(ab.)

Lauretta. Der Fürst, (der sie hereinführt.)

Lauretta. Ha! Fürst, ich bin hinter die Wahrheit gekommen. Pater Tinto hatte Recht. Der Kardinal, den ich so unaussprechlich liebte, dem ich so reine Empfindungen zutraute, den ich für den heiligsten unter allen seinen Mitbrüdern hielt, ist der erste Wollüstling Roms, sucht Schlachtopfer seiner Leidenschaft, wo er nur irgend Zutritt haben kann. Können Sie sich eine schrecklichere Handlung denken, als ein tugendhaftes Mädchen aus dem Hause ihrer Aeltern stehlen, ihre Grundsätze untergraben, ihre Unschuld rauben, um eine viehische Wollust zu befriedigen, deren geheime Zeugen vielleicht schon hundert Elende meines gleichen in Rom sind? Ich bin herabgestürzt in einen unabsehbaren Abgrund des Verderbens. Ich fühle mich im beständigen Sinken, in der ewigen fortdauernden Angst des Fallens, und weiß nicht, wie tief ich noch herabstürzen werde. Ich komme, bey Ihnen Zuflucht zu finden. Was sollte aus mir werden, wenn nicht irgend jemand sich meiner annähme?

Fürst. Der will ich seyn. O dieses himmlische Zutrauen macht Sie mir so ganz eigen, daß meine Freude, so wie meine Liebe für Sie, sich ins Unbegränzte verliert. Das ist nicht Werk des Zufalls, Laurette, daß Sie so an mich kommen muß-

mußten, das ist Vorherbestimmung des Schicksals. Hätten wir uns ohne diese vorhergegangenen Auftritte gesehen, so hätten vielleicht unsere Herzen Sympathie gefühlt, wir wären uns werth geworden. Aber Konventionen hätten uns getrennt. Sie hätten den Gedanken, daß Liebe glücklich mache, nicht ganz eingesogen. Erziehung und falsche Grundsätze hätten Sie den besten Reiz des Lebens in ein kaltes, unauflösliches Band vergraben lassen, wo unaussprechliches Gefühl Opfer der Pflicht geworden wäre.

Lauretta. Wenigstens, Ew. Durchlaucht, bin ich darüber nachzudenken unfähig. Glauben, was Sie sagen, das muß ich, denn ich wäre ja ganz verlassen, wenn ich Sie nicht hätte. Bis auf Pater Tinto's Einwilligung hab' ich mich zu verschenken, kann mich gar nicht für mich behalten, denn ich bin mir nichts nütze.

Fürst. O des Paters Einwilligung hab' ich, und hat es je ein Geschenk gegeben, das auszuschlagen Todsünde wäre, Laurette, so sind sie es. Es ist wahr, Unglück hat Sie aus allen Rechten herausgehoben, die Sie als irdischer Engel hatten. Bosheit hat Ihnen die Vorzüge lästig gemacht, die Sie immer noch in sich haben. Sie glauben, Sie sind nichts, und Sie reichen bis an die Wolken. Der Abgrund, den Sie sehen, ist Werk Ihrer

rer Einbildungskraft. Daß aber diese Einbildungskraft so gespannt ist, das ist Zeichen eines Feuers, um das ich Sie beneide. Ich nehme also das Geschenk an. Sie sind mein, und was meine Kräfte aufbieten können, dieses mein gewordene Ich glücklich zu machen, das soll geschehen.

Lauretta. Ew. Durchlaucht sind gütig, sehr gütig. Und doch bin ich dreist genug, dieser Güte Vorschriften zu machen. Der Muth, den sie in mir wieder erweckt, hat auch das Herz rege gemacht. O Mann der Liebe! ich fühl's, ich bin für diese Leidenschaft geboren. Sie hatten sie schon vom Kardinal auf sich übergetragen, ehe wir hieher kamen. Aber undankbar konnt' ich nicht seyn. Ich hätte mir ein grausames Opfer aufgelegt, wenn ich meinen Verführer des Undanks werth gefunden. Er war es nicht, und ich überlasse mich der brennenden Glut, die für Sie in mir ist. Werden Sie das Mädchen je verachten können, das sich so ganz in Ihre Arme wirft, sich an Sie schmiegt, und von Ihnen Nachsicht und Gegenliebe erwartet? Fürst! Sie haben mir geschworen, Sie liebten mich, aber vielleicht rechneten Sie darauf, daß Ihnen der Sieg nicht so leicht werden würde.

Fürst.

Fürst. Nichts, was Sie herabsetzen könnte — Nichts mehr, Laurette, von anklebenden Vorurtheilen. Es giebt nur eine höchste Stufe, wer auf dieser steht, kann sich nicht mehr herabwürdigen. Wer sie erreicht, ist vor dem Fall sicher. So offnes Herzens, wie Sie zur Fahne der Liebe geschworen, heißt verdienen, ewig Gegenstand dieser Göttin zu seyn, die uns vom Menschen losketten, und unsrer Bestimmung uns nähert.

Lauretta. Wie geneigt finden Sie Ihr Mädchen, das zu glauben! Wie wiegt sie sich in Träumen von Glückseligkeit ein! Wie übersieht sie nach grausenden Auftritten so gern eine liebliche Zukunft! — Aber sollte sie irren — sollte hier ein von Leidenschaft erregter Taumel sie irre führen, der dort außer ihr lag, und hervorgebracht wurde: dann würde das Erwachen wohl noch schwerer seyn — dann würde sie vielleicht sich anklagen, da sie bis jezt sich vielleicht noch schuldlos glaubt.

Fürst. Lassen Sie alle Klagen beyseite, beste, theuerste Laurette. Sie müssen nie Gegenstand einer Traurigkeit seyn. Lachende Aussichten öffnen sich Ihnen. Halb Rom bewunderte Sie, da Sie bey der Gräfin Medina waren. Unter meinem Schutze wird halb Rom Sie anbeten. Vergötterung, Laurette, steht Ihnen bevor. Könnt' ich die Ideen malen, die von Ihnen in meiner

Seele

Seele liegen, — könnt' ich darstellen die Bilder, die Sie in meinem Herzen werden lassen — so müßt' ich den Pinsel eines Raphaels und eines Korreggio haben, und hätten diese Männer Sie gesehen, so hätten die Meister ihre Meisterstücke noch übertroffen.

Lauretta. Fürst! Sie haben unbegränzte Schwungkraft, und Sie wissen diese auch bey Ihrem Mädchen rege zu machen. Sich nach dem, was Sie da sagen, nicht unbeschreibliche Glückseligkeit träumen, das heißt, sie von sich stoßen. Sehen Sie, hier spricht gewiß bey Ihnen nicht vorbestimmte Schmeicheley, wie beym Kardinal, und bey mir spricht nicht erregte Leidenschaft. Kann es Ihnen schmeicheln, daß Laurette aus dem Innersten fühlt, so nehmen Sie die Versicherung, dem ist so. Es ist nicht lange, und ich war in einer schrecklichen Lage. Eine Freundin, die ich für einen Engel hielt, erschien mir wie eine Furie; ein Geliebter, der sich mir als Halbgott gezeigt, wurde gewöhnlicher, und weniger als gewöhnlicher Mensch. Herabgestimmt also von dem, was ich zu seyn glaubte, hatte ich nur Sie, und Sie wurden mein Alles.

Fürst. Dafür sollen Liebe und Freude Sie belohnen. Sie sollen erfahren, wie sorgenlos wahre Leidenschaft macht. Ich will Sie losreißen von

allem

allem Schmerz, von aller Trauer, von allen Vorurtheilen. Ich will Sie vermählen mit Anhänglichkeit und Freude. Sie sollen gebieten über den höchsten Grad der Wollust, Entzücken soll Ihnen zu Diensten stehen, und Gränzen der Seligkeit sollen Sie nicht kennen.

Röm.

Rom.

Palast des Kardinals.

Kardinal. Pater Tinto.

Kardinal.

Ah! sind Sie es, lieber Tinto? Gut — recht sehr gut!

Tinto. Ew. Eminenz haben befohlen —

Kardinal. Warum so feyerlich? Seit wenn stehen wir auf den Fuß? Ein verdammter Streich, Tinto, ist mir begegnet. Aber ehe ich's vergesse, hier sind einige Kleinigkeiten, die ich schon lange Ihnen zudachte —

Tinto. Wofür, Ew. Eminenz? Für das Vergangene oder für die Zukunft? Im letzten Falle —

Kardinal. In welchem Sie wollen, Tinto. Doch — für Lauretten, stecken Sie immer ein.
(Tinto nimmt die Bijouterien zu sich.)
Ich glaube, ich sagte Ihnen wohl noch nichts von der reizenden Nacht?

Tin-

Tinto. Nein, in Wahrheit nicht. Aber es sind ja auch schon verschiedene Wochen. Damals hatten Sie den Kopf wohl zu voll über ihren Verlust, und Mährchengeschichten so lange zu behalten, das kann man Ihnen nicht zumuthen.

Kardinal. Sie sind zurückhaltend, Tinto, nicht so ganz freundschaftlich — ein wenig unartig. — Aber zur Sache. Laurette will nichts mehr von mir wissen, weil die Gräfin meinen Plan verrathen.

Tinto. Das weiß ich, Ew. Eminenz, das weiß ich ganz genau, wörtlich —

Kardinal. Wie könnten Sie das schon so zeitig wissen, kaum ist's geschehen?

Tinto. Ich sprach, so eben nach Dero Zusammenkunft bey der Gräfin, meine Pflegetochter.

Kardinal. Wen? Ihre Pflegetochter, sagen Sie, sprachen Sie?

Tinto. Es ist wahr, ich bin auch vergessen. Ich habe Ihnen zu melden versäumt, daß Kampano mir dieses Mädchen als Tochter vermacht hat.

Kardinal. Dafür möchte ich ihn umarmen, und muß den neuen Vater auch umarmen.

Tinto. Im eigentlichen Verstande Vater, wenn's mit der Nacht seine Richtigkeit hat.

Kardinal. Und werden's mir auch bleiben, und sich nicht schlecht dabey stehen.

Tinto. Welches wohl schwerlich wird geschehen können —

Kardinal. Wie so, Tinto? Hätten Sie auf einmal Ihre bisherige Meynung gegen mich geändert?

Tinto. Wozu bekomplimentiren wir uns hier, Kardinal? Wir stehen nicht mehr auf dem vorigen Fuße. Ew. Eminenz letztliche Aeußerungen waren mir ein wenig zu stark.

Kardinal. Ich dächte, Tinto, ich hätte sie jetzt wieder gut gemacht?

Tinto. Aufwand und Bemühungen haben Sie richtig ersetzt, das ist wahr. Aber von einer Belohnung weiß ich so wenig etwas —

Kardinal. Kampano's Landgut rechnen Sie also für nichts?

Tinto. Das haben Ew. Eminenz mir doch wohl nicht verschafft? Sie machen es wie gewisse Feldherren, die die Geschicklichkeit ihrer Untercommandeurs immer mit auf ihre eigne Rechnung bringen, und dem Monarchen die Augen damit blenden.

Kardinal. Ich wüßte nicht, warum ich diese Sprache an Tinto leiden sollte? Doch um der schönen Laurette willen, will ich sie Ihnen zu gut halten —

Tin=

Tinto. Ich wollte Ew. Eminenz rathen, um deren willen nichts mehr zu thun. Auch wünschte ich, Sie entließen mich ebenfalls der Dienste, die mir schon von mir erlassen sind.

Kardinal. Und was für Spekulationen hätte denn Pater Tinto mit Lauretten, die ihm einträglicher seyn könnten, als meine Bekanntschaft?

Tinto. Spekulationen auf Mehrere, Ew. Eminenz —

Kardinal. Tinto! Sie wollten das Mädchen herabwürdigen, eine Buhlerin aus ihr machen? Wenn ich auch dem Pater Tinto die Geschicklichkeit zutraute, so traue ich dem Menschen Tinto nicht zu, daß er ein so unbefangenes, nach dem ersten Fehltritt noch so gut wie unschuldiges Herz so wegwerfen könnte. Sie irren, wenn Sie das, was ich Ihnen jezt sage, für Verstellung halten. Von dem Augenblicke an, da Laurette abreiste, habe ich keine Ruhe gehabt, unaufhörlich ist sie mir vor der Seele gewesen, und ihre Rückkehr hat mich immer beschäftigt. Die Tage habe ich mit ihr verwacht, die Nächte mit ihr verträumt.

Tinto. Das glaub' ich nicht allein, sondern ich bin es überzeugt. Mich, Kardinal, hintergeht man nicht. Ich habe jeden Spion gekannt, den Sie in Pisa aufgestellt. Manche hab' ich bestochen, manche hab' ich hintergangen. In der Minute, da Sie mir befahlen, Kampano sein Gut zurück zu geben, beschloß ich, Laurette sollte nie die Ihrige seyn, bedauerte, da ich hörte, sie wäre es gewesen, daß es geschehen, blieb aber meinem Vorsatze dennoch treu. Alle Ihre Spione haben nicht erfahren, oder Ihnen nicht hinterbracht, daß ich unterdessen Laurens Temperament auf einen andern Gegenstand lenkte —

Kardinal. (heftig.) Von dem Sie sie wieder ablenken sollen, oder Sie sind ein Kind des Todes!

Tinto. Das wäre auch das einzige, wodurch Ew. Eminenz mich dazu zwingen könnten, und so schwesterliche Grundsätze, hoffe ich, haben Sie noch nicht eingesogen.

Kardinal. Tinto! sollten Sie unerbittlich und unversöhnlich seyn?

Tinto. Ich kann nicht umhin, Sie den Becher ganz leeren zu lassen, der auch einmal für einen Kardinal bittern Wermuth enthält. Es stand noch in Ihrer Macht, Lauretten umzustimmen, der Gräfin Entdeckung aber und Ihr Geständniß — haben sie ihrem neuen Liebhaber übergeben — und jetzt ist sie wirklich bey ihm.

Kardinal. Sie können mir das so dreist ins Gesicht sagen, und zittern nicht davor, daß ich es rächen kann? sind nicht besorgt, daß ich jeden seinen

nen Betrug, den Sie gemacht, entwickeln, und vor den Augen nicht blos der Welt, sondern der Richterstühle darlegen kann?

Tinto. Nicht ohne zugleich darzulegen, daß alles das auf Ihre Veranlassung geschehen. Und wenn das alles auch wirklich wäre, und Sie es wagen wollten, sich in eine solche Sache vor den Richterstühlen zu vermengen, wenn der Kardinal sich auch nur könnte nachsagen lassen, er habe, um ein Mädchen für ihn zu erobern, den Pater Tinto in Sold genommen; wenn er es dahin brächte, daß der Pater verdammt, er losgesprochen würde, wie denn das der Fall bey einem Kardinal wohl seyn muß, so liegen bey einigen von Ew. Eminenz Todtfeinden kleine versiegelte Paketchen, die den Briefwechsel wegen Mariottinen, wegen der kleinen Venetianerin, und das Dokument von Angelikens Ankauf von ihren Aeltern eigenhändig enthalten. Diese werden eröffnet, sobald ich verhaftet werde. Wollen Ew. Eminenz etwa die Gnade haben, und nach der Wache schicken?

Kardinal (für sich.) Der schlaueste Teufel, den die Hölle je ausgelassen! (laut.) Drohungen gegen Drohungen erwartete ich nicht. Daß ich sie nie ins Werk setzen würde, wußten Sie zu gut, und ich wollte blos Nachgeben bewirken.

Tinto. Gänzlich vergebens, Kardinal. Auf Lauretten müssen Sie Verzicht thun. Ich habe mich selbst in diese Pisanerin verliebt, und vertauschte gern die Vaterrechte mit denen eines beglückten Liebhabers. Hiervon sehe ich keine Möglichkeit, wenn sie nicht erst durch zehn andre Hände geht, und die muß ich wählen, damit sie sie nicht festhalten. Die Ihrigen sind mir zu mächtig. Ist sie ganz von der Schwärmerey zurückgekommen, und ich schenke ihr ihr Landgut wieder, so bleibt sie vielleicht allein mein.

Kardinal. Den ganzen Plan ihr zu verrathen, wäre doch wohl unausbleibliche Störung desselben? Haben Sie das nicht bedacht?

Tinto. Allerdings die Anstalten so getroffen, daß sie Ihnen nicht ein Wort mehr glaubt. Halb thut Tinto nichts.

Kardinal. Sie zeigen's wirklich, daß Sie Meister in der Kunst sind. Und um der versiegelten Paketchen willen, möcht' ich Ihnen wohl die Pisana abtreten.

Tinto. Abtreten, was ich schon besitze? Doch, Ew. Eminenz, eine Hand wäscht die andere. Wollen Sie, so quittiren wir uns mit unsern beiderseitigen Papieren. Die meinigen sind in Ihren Händen auch nicht viel nütze.

Kar-

Kardinal. Und was für wichtige Papiere hätten Sie denn noch bey mir?

Tinto. Ich will Ew. Eminenz Gedächtniß zu Hülfe kommen. (Er zieht eine Brieftasche heraus und liest.) Erstlich den Vorschlag zum Stimmenkauf bey der Kardinalswahl, dann die verfertigte Rechnung für Se. Heiligkeit, wegen der Einnahme und Ausgabe der geheimen Schatulle, die Ew. Eminenz unter Händen hatten. Ferner zwey Briefe, die Entführung der Nonne aus dem Kloster Santa Pace betreffend. Noch ein paar Entwürfe der Vermählung Ew. Eminenz Base Montini, als sie sich in andern Umständen befand.

Das wären die wichtigsten. Meine übrigen Briefe, deren noch sechs und funfzig in Ihren Händen sind, kann ich mit vier und sechszig von den Ihrigen einlösen.

Kardinal. Sie halten sehr genaue Rechnung. Ich erwarte Sie morgen, um die Sache ganz in Richtigkeit zu bringen, und wie ich sehe, so wird Ihr Eigensinn wohl nie eine Wiedervereinigung zwischen uns zulassen. Richten Sie nur Ihre Aufführung so ein, daß wir uns beide immer kalt freundschaftlich begegnen können.

(ab.)

Tinto.

Tinto. Ha! wie ihm das wurmte — wie er sich verstellte, um mich es nicht sehen zu lassen, daß er einen Theil seiner Seele verloren! O du süßeste Rache, wie bist du mir willkommen! Denkt nur nicht, ihr Großen, daß jeder vor eurem Machtworte sich bücken muß. Hättest du mir geschmeichelt, du besäßest Lauretten so ganz, wie sie jezt der Fürst hat. Ich hätte nie den andern Plan für sie entworfen. So aber ist's besser. Ich komme aus einer Verbindung, die schon mit dem Vortheil über das blühende Alter hinaus war, und wo die Zeit, die alles verwüstet, das Abnehmen befördert hätte. Der Kopf ist aus der Schlinge, die ihm die gefährlichste war, die, wenn sie sich einmal zugezogen, meine Kräfte nicht wieder hätten öffnen können. Dann hätte ich seiner Gnade leben müssen, und da er nicht so genaue Rechnung hält, wie ich, und den Sturz zweyer Vorgänger, auf welche er stieg, vergessen zu haben scheint, so kann ich diese Papiere in Händen behalten, damit er der meinigen leben muß. So, denke ich, soll eine Zeit kommen, wo Ew. Eminenz mich nicht im Vorzimmer stehen lassen.

(ab.)

Rom.

R * m.

Gasthaus auf dem Spanischen Platze.

(Bald Mittag.)

Der Fürst und Lauretta (treten aus einem Schlafkabinet.)

Fürst.

Bald Mittag, Laurette. Das heißt Liebe nicht blos genossen, fast sie geleeret.

Lauretta. Kaum getraue ich mir, dem Tage in die Augen zu sehen, mein Theurer, immer fürchte ich einen Spiegel, der mir selbst mich häßlich zeigt. Und doch bin ich so zufrieden aufgestanden, bin vom Genuß der Wonne hingerissen, fühle es, daß Seligkeit darin liegt, schmachte ermattet, und empfinde doch, daß die Ermattung süß ist! Zauber, den ich noch nicht kannte, der sich beym ersten Genuß mir in Aengstlichkeit verhüllte, wie bist du so vollwirkend über mich ausgegossen! Wie brennend ist dein Feuer, und wie linbernd dein Balsam! Dein Name ist also Liebe? O wie sprach ich das Wort aus, ohne zu wissen, was es enthielte! Stummer, kalter Ausdruck für den, der dich nicht kennt. Unmöglich auszudrücken für den, der dich kennt — Liebe! — Nein, ich werde dieses Wort nie wieder nennen, ohne ein zitterndes Gefühl. Ich würde es zu entweihen glauben, wenn ich mir nicht dich, nicht dich, Theurer, dem ich diese Wolluft verdanke, dabey dächte. Wenn ich mir nicht — (sie lehnt sich an seinen Busen.) verhülle mir das kranke Mädchen — wenn ich mir nicht diese Nacht dächte —

Fürst. Laurette! Auf dir ruhet unmittelbare Eingebung von dieser alles besiegenden Göttin! Du siehst mich so hingerissen, wie dich. Ich kann dir's nicht verhehlen, daß dieß nicht mein erster Genuß war. Und doch war es der erste. Alle vorhergehende stehen wie unbehülfliche, neugeborne Kinder gegen den Knaben der Liebe, der mit seinen scharfen Werkzeugen schäkert, und den Tod uns ins Herz schäkert. Aber denen will er wohl die er so trifft, wie er uns getroffen.

(Die Thüre geht auf, Pater Tinto tritt ein.)

Tinto. Ich höre — so eben aufgestanden. Laurette! Laurette! Der Vater sollte wohl zürnen. Nicht, daß die Tochter sich dem schönsten Mann in die Arme geworfen, das kann nur ein

Vater

Vater mißbilligen, dem Aufklärung fehlt; aber daß nicht so viel Mäßigung Statt fand, daß Sie mir erst Ihre Eroberung und Ihren Sieg mitgetheilt hätten.

Lauretta. O Tinto! habe ich die Allgewalt solcher Augenblicke gekannt? Sie selbst haben mir gesagt, diese Leidenschaft vom Schöpfer geschaffen, von den Gesetzen der Natur gebilligt, vom Menschen so oft verkannt, sey Zweck und Glückseligkeit des Lebens, und das —

Tinto. Soll man nicht verschieben. Nun, Ihnen kann ich wohl alles vergeben. Ew. Durchlaucht aber scheinen mir ein wenig hitzig zu Werke gegangen zu seyn. Wissen Sie wohl, daß Laurette nicht blos erobert, daß sie erhalten seyn will?

Lauretta. O Tinto! lassen Sie mich für den Fürsten reden. Er kann nie anders denken, als er jezt denkt. Er ist zu liebenswürdig, als daß man sich in ihm irren könnte. Aufrichtigkeit, die dem Kardinal fehlte, ist ihm eigen, und da sonst alle Vorzüge des Kardinals sein sind, so ist er fehlerfrey.

Fürst. Wer könnte es ertragen, sich so ins Gesicht loben zu hören! Wenn Sie die Fülle Ihres zu gut urtheilenden Herzens nicht an sich halten könnten, so mögen Sie dem Pater Tinto all'

Ihre Lobsprüche entdecken, dem ich den gemessenen Auftrag gebe, meine Fehler dagegen aufzustellen. Bis zur Tafel leben Sie wohl. Pater! ich verlange Ihre ganze Aufrichtigkeit.

(ab.)

Tinto (für sich.) An der ich es nicht ermangeln lassen werde, denn der Brand scheint mir zu heftig.

Lauretta. Nun, lieber Tinto, warum so nachdenkend?

Tinto. Ich fürchte, Laurette, mir steht viel Sorge mit Ihnen bevor. Sie haben sich da Ihr Temperament zu einem Schritte verleiten lassen, der Folgen haben kann.

Lauretta. Die Folgen, Tinto, können nach Allem, was Sie mir gesagt haben, nur schön seyn. Und ich hoffe wenigstens, daß Sie mir Wahrheit gesagt. Ich habe mir das Bild des Genusses nie so schön ausgemalt, wie ich's gefunden, und Sie, trotz Ihrer Kunst, sind, mit Ihrer Erlaubniß gesagt, auch kein Apelles gewesen.

Tinto. Ganz herrlich — sobald Sie sich die Idee für die Stunden schaffen, in denen sie erfüllt wird. Aber ich glaube in Ihr Herz zu sehen, und, daß Sie den Fall nicht allein oft wiederholt, sondern sogar immerwährend malen, sehr
aus-

ausgezeichnet darin zu erblicken. Sagen Sie mir die aufrichtige Wahrheit.

Lauretta. Allerdings, Tinto, ist dem so. Ich sehe die Zukunft, wie ich die Vergangenheit seit gestern sah — süß, wie man die Seligkeit malen möchte, die kein Auge gesehen, und kein Ohr gehört. Sollte ich's jemanden sagen, wie mir's zu Muthe gewesen, und wie mir's in der Folge also auch seyn wird, ich müßte ihm Unwahrheit, und schlecht geschilderte Wahrheit sagen. Ueberhaupt gewinnen Freude und Wonne bey mir ein großes über Leiden. Diese können unmöglich so wirkend seyn, weil man seine Klagen so leicht zur Theilnehmung begeistern kann, hingegen die Freuden den Kreis unsers Wissens übersteigen, und der Mittheilung ohne Genuß nicht fähig sind. Ich fange an, Ihrem Systeme beyzupflichten, daß Vorurtheile uns von der Natur entfernen, und wer sie überwinden kann, natürlich glücklich lebt. Aus dem Grunde ist mir auch Ihre Besorgniß unbegreiflich, und ich finde Sie ein wenig zu väterlich.

Tinto. So Recht ich habe, so freut mich Ihre Empfindlichkeit. Sie zeigt, daß Sie anfangen, sich zu bilden. Aber zu Ihrem Besten hab' ich Recht, bin ich väterlich — mache ich Vorwürfe. Weil

Weil ich weiß, daß diese Freuden nicht Bestand haben können —

Lauretta. Nicht Bestand haben können? Wie wußten Sie das, Pater Tinto? —

Tinto. Sehn Sie mich nicht so leicht an. Glauben Sie nur, daß es mehrere Ihres Geschlechts giebt, die fühlten, und mich zum Vertrauten ihres Gefühls machten, und von denen ich erfuhr, das Glück der Liebe sey nie beständig — außer durch Abwechselung.

Lauretta. Sie sind grausam, Tinto. Es sind noch nicht vier und zwanzig Stunden, seitdem Sie mich ruhig wissen, und schon greifen Sie mich mit neuen Waffen der Unruhe an. Warum wollen Sie mir auch den Fürsten verdächtig machen, da Sie mir kaum den Kardinal aus der Seele gerissen —

Tinto. Doch wohl mit vollem Rechte, doch wohl zu Ihrer sehr großen Zufriedenheit, doch wohl nicht ohne auf Ersatz für Sie gedacht zu haben?

Lauretta. Auf Ersatz gedacht? Also auch der Fürst kam nicht ungerufen nach Pisa? Zum erstenmale, Tinto, lassen Sie mich glauben, daß Sie ein Räthsel sind. Mit Recht, oder nicht mit Recht, genug, ich verlör den Kardinal ungern. Das sehe ich wohl ein, daß es selbst durch das Be-

tra-

tragen der Gräfin nicht anders hätte kommen können. Allein mußte ich schon diesen verlieren, dachten Sie auf Heilungsmittel für mich, so hätten Sie billig auf dauernde denken sollen. Oder es wäre besser gewesen, mich meiner Einsamkeit zu überlassen, die mich endlich gewiß von den Fehlern meines Temperaments geheilt hätte.

Tinto. Nicht anders geheilt, als daß sie Sie verzehrt hätte. Glauben Sie mir, Laurette, ich habe Ihre ganze Seele durchforscht, ehe Sie nach Rom gingen. Ich wußte, wie vielen Gefahren Sie dort ausgesetzt waren, aber auf die teuflischen Künste, die man gegen Sie anwendete, darauf rechnete ich nicht. Da der Schritt einmal geschehen war, da ich vorhersah, Ihre Ideen müßten scheitern, so dachte ich beyzeiten auf Mittel zu Ihrer Glückseligkeit. Diese liegt immer in uns, und hängt immer von uns ab. Wir gehen fehl, sobald wir sie außer uns suchen. Sie gehen jezt fehl, daß Sie sie im Fürsten suchen. Sie glauben, er hat Sie glücklich gemacht; nein, Laurette, Sie haben ihn beglückt, oder vielmehr, Sie waren das Hülfsmittel, wodurch er sich glücklich machte. Eine andere Laune in ihm, und Sie können nichts mehr zu seinem Glücke beytragen. Glauben Sie immer das nicht, was ich Ihnen sage; aber wenn die Erfahrung Sie davon überzeugt,

zeugt, so erinnern Sie sich, daß ich es Ihnen gesagt, und grämen Sie sich nicht zu sehr darüber.

Lauretta. Sähe ich Sie nicht als meinen Vater an, so dächte ich, Sie wären mein Feind. Sonach wäre ich nicht im Stande, eine dauernde Anhänglichkeit zu erwecken? Nicht im Stande, einen Mann mit Liebe zur Treue zu fesseln?

Tinto. Ideen, Laurette, leere Ideen, die unsere Seele sich malt, und an denen unser Körper gar keinen Antheil nimmt. Finden Sie in der Natur ein Gesetz, das unserm Vergnügen Fesseln anlegt? Einen Gegenstand außer dem Menschen, der sie sich anlegt? Der Vorzug anwendbarer Seelenkräfte hat sie uns zu einem Mißbrauche anwenden lassen. Wir verwarfen die Gesetze der Natur, und machten uns welche gegen unsre Bedürfnisse. Unsre Seelen wurden so stolz, den Körper verläugnen zu wollen. Hieraus entsteht das Uebel, daß kein Mensch mehr weiß, was er eigentlich ist, noch warum er lebt. Das Gefühl, wir werden über dieses Leben hinausleben, macht, daß wir noch in diesem Leben über dasselbe hinauswollen, und das ist Thorheit.

Lauretta. Wenn ich aber in mir fühle, daß ich mein Glück an einen Gegenstand binden kann, warum soll ich nicht glauben, ein andrer Gegenstand könne mit mir gleich fühlen?

Tin-

Tinto. Weil Ihre Bedürfnisse nicht immer mit den Bedürfnissen Ihres Gegenstandes in Harmonie stehen. Weil Ihre Sphäre ihren besondern Kreislauf hat. Es hat Menschen gegeben, die es in ihrer Einbildungskraft so weit gebracht haben, daß sie zusammen harmonisch zu seyn glaubten, da sie es doch nicht waren, und sie sind Opfer derselben geworden. Sie haben durch wechselseitigen Zwang ihre Körper aufgerieben, und ihre Seelen zu einer anscheinenden Vollkommenheit hinaufgetrieben, die eigentlich blos Schwäche ist, und die sie in einem andern Leben mit der nämlichen Mühe herunterstimmen müssen, um wieder ins festgesetzte Gleis zu kommen. Ich will immer zugeben, daß wir auf dieser Erde sind, um unserm Geiste, durch körperliche Vermittelung, Ideen zu verschaffen, allein in dem Fall ist denn doch wohl die Beschaffenheit des Körpers nicht ohne Zweck da, und wenn wir uns ihrer nicht bedienen, so verfehlen wir die Begriffe, die wir erhalten sollen. Diese sollen aus Erfahrung, nicht aus Hypothesen gezogen seyn.

Lauretta. Die Philosophie ist mir zu dunkel, Pater. Und ich glaube auch in der That, ich habe mich für Nichterfahrung nicht zu fürchten. Ich bin so treflich auf dem Wege der Sinnlichkeit eingeleitet, daß ich nur davor zu zittern brauche, daß sie mich zu sehr einnimmt.

Tinto. Eben dann gewiß nicht, wenn Sie sie nur als Bedürfniß betrachten. Und dazu gehört, daß jede Anhänglichkeit an einen Gegenstand schwindet. Denn Sie machen dessen Bedürfniß sich mit zu Ihrem eignen.

Lauretta. Ich soll also auf eine feine Art dem Fürsten zu verstehen geben, ich liebte ihn nur dann, wenn meine Sinnlichkeit seiner Beyhülfe bedürfte?

Tinto. Das könnte der Fall in der Folge vielleicht seyn, beym Fürsten ist er es aber nicht. Wenn er hingegen Ihnen das merken liese?

Lauretta. O davor bin ich sicher, das wird er gewiß nicht.

Tinto. Stellen Sie ihn wenigstens auf die Probe, Laurette. Verlangen Sie von ihm ein aufrichtiges Geständniß, wie er Liebe betrachtet. Wenn er sich Ihnen nach seiner gewöhnlichen Offenherzigkeit erklärt, und Sie für seinem Geständniß nicht zu sehr erschrecken, so fragen Sie ihn, ob er einen in Rom kennt, der seines gleichen nicht in seinen Meynungen wäre?

Lauretta. Ich bin versichert, ich werde Ihnen Beweise des Gegentheils bringen. Aber Ihr Ehrenwort, Pater, daß Sie vorher nichts mit ihm darüber sprechen. *Rom.*

Rom.

Palast der Markise.

Markise. Eduard.

Markise.

Grausam war es immer, Eduard, daß Sie unsere mündliche Unterredung auf einen so entfernten Termin aussetzten.

Eduard. Wodurch Sie gewonnen haben, Markise. Ihren Briefen, Ihren Gesinnungen darin, haben Sie es einzig und allein zu danken, daß ich geneigt bin, Ihren Fehltritt als Schwachheit zu verzeihen. Noch mehr, Markise, ich habe die vorige Hochachtung für Sie. Sie haben Ihre Handlung in Ihren Briefen zwar nicht zu rechtfertigen gewußt, aber Sie haben tausend gute Eigenschaften aufgedeckt, die mich sie vergessen lassen.

Markise. Soll ich Ihnen im komplimentenreichen Tone für Ihre Güte danken? O Eduard!

es kann seyn, daß Sie der Pflicht Gerechtigkeit haben widerfahren lassen. Aber die Liebe haben Sie doch sehr beleidigt. Und Liebe ist doch Leidenschaft, Pflicht nicht.

Eduard. Und Sieger der ersten, treu der letzten, sollte jeder seyn, der Ansprüche darauf macht, Mann zu seyn. Und wenn nicht Einer neben mir auf Erden stände, der mir sagte: Du hast Recht, ich denke auch so; oder: Du hast Recht, ich will dir nachahmen; so will ich allein den Platz behaupten. Von Eduard soll nie jemand sagen, er verläugnete seine Pflicht. Uebrigens, Markise, was haben wir verloren? So stolz Sie auf die Freuden seyn können, welche Wollust mir bey Ihnen so viel wirksamer als bey andern schuf; so viel mehr stolz wird es uns beide machen, wenn wir diese Freuden, die der Mensch immer als Schwachheiten anzusehen hat, überwinden, desto stolzer werden wir seyn, weil die Größe des Opfers den Werth desselben bestimmt. Wenn ich einer Buhlerin ein Opfer bringe, die mir schon gleichgültig, wo nicht ekel ist, so ist das kein Verdienst, es liegt in mir der bereite Wille dazu; wo sich aber mein ganzes Blut widersetzt —

Markise. Daß das der Fall ist, Eduard, das söhnt mich ganz wieder mit dir aus.

Eduard.

Eduard. Wenn Sie das trösten kann, da ist er es, ist es im höchsten Grade, den Sie sich denken können. Glauben Sie nicht, daß ich die Gefahr nicht vorhersahe, die ich beym fortgesetzten Umgange mit Ihnen laufe? Glauben Sie nicht, daß ich mich ihr nicht würde entzogen haben, wenn ich nicht Muth genug fühlte, ihr zu widerstehen, wenn ich nicht den Grundsatz hätte: Ich kann mein Leben meiner Geliebten, meine Geliebte aber meiner Pflicht opfern. Wenn Sie, Markise, den ganzen Umfang dieser Worte fühlen, wenn Sie glauben können, daß ein Britte Wort halten kann, und wird; so werden Sie nicht wünschen, daß die Wirkung Ihrer Reize sich weiter als auf meine Seele erstrecken, werden nicht etwa kleine heuchlerische Anschläge verbergen, die ich dem Weibe gern zu gut halten würde, wenn der Mann nicht dabey litte.

Markise. Nein, Eduard, du sollst sehen, daß auch ein Weib Mann seyn kann. Ich will alle meine Kraft aufbieten, deinem heldenmäßigen Entschlusse völlig gleich zu kommen. Ich will jede Regung der Wollust unterdrücken, und nur aus deiner Seele Nahrung suchen. Sie gab mir sie ja schon immer in reichlichem Maaße, wenn
schon

schon ich's nicht läugnen kann, daß jene Befriedigung mir auch wonnereich war. Bin ich unglücklich genug, nicht mehr den schönsten Mann ganz im Besitz zu haben, so will ich mich damit trösten, daß keine andere ihn besitzt. Ich will mich mit deinem Ideal der Seelenwollust so bekannt machen, daß ich des Körpers darüber vergesse.

Eduard. Auch, Markise, ist's in Wahrheit größere Wonne. Sie ist nicht vergänglich, sie ist bleibend. Sie unterbrechen keine Perioden der Ermattung, die nur Zeichen von unsern thierischen Verhältnissen sind. Lassen Sie uns daher uns Mühe geben, der Welt ein unerhörtes Beyspiel von Ueberwindung zu geben. Lassen Sie uns insbesondre darauf denken, dem Manne, den bis jezt nur Sie wissentlich, ich unwissentlich beleidigt und gekränkt haben, die Genugthuung zu verschaffen, die wir ihm schuldig sind. Haben Sie meinen Vorschlag deswegen überlegt, und was sind Sie entschlossen zu thun?

Markise. Eduard! du hast Recht; mein Herz legt mir zwar keine Verbindlichkeit gegen den Mann auf, aber deine Gründe thun es. Du sagst, ich habe ihn beleidigt, und es ist billig, daß ich diese Beleidigungen gut mache. Aber wie kann ich

ich das thun, was du wünschest? Ich soll mit Liebe, ich soll aus vollem warmen Herzen schreiben? Kann man das ohne Liebe? Glaubst du, daß menschliche Verstellung so weit geht?

Eduard. Markise! Ich bewundre Sie in Ihren Briefen, und Ihre Unterhaltung nimmt dieser wieder einen Grad. Wissen Sie nicht, daß Pflicht der Liebe vorgeht? Wenn Sie diese nicht erfüllen können, wie wenig werden Sie im Stande seyn, schwereren nachzukommen? Wie billig wär's, daß ich mich Ihnen entzöge —

Markise. Kränke mich nicht, Eduard. Ich will alles über mich zu erlangen suchen. Ich will meinem Manne schreiben, will ihm zärtlich zu schreiben suchen. Ich kann mich nicht verstellen, Eduard, aber ich will thun, als wenn ich an dich schriebe, als wenn du von mir abwesend wärest. Da werde ich gewiß warm schreiben, und wenn ihn der Betrug beruhigt, so wird er mir ja wohl zu verzeihen seyn.

Eduard. Unbegreifliches Weib! Machen Sie es, wie Sie können. Ich kann Ihnen nicht recht geben, ich kann Sie aber auch nicht tadeln. Ich weiß, daß ich das nie fühlen würde, was Sie zu fühlen vorgeben, und gewiß auch fühlen, weil

Ihre Handlungen es beweisen. Marlise, mag der Menschen Denkungsart verschieden seyn, und mag jeder nach der seinigen gerichtet werden; mag also die deinige dich nicht verdammen, mich verdammete die meinige gewiß, wenn ich so handelte. Aber ich muß die Billigkeit nicht aus den Augen setzen, da ich nicht der einzige Mensch bin, nach dessen Handlungen sich etwa die ganze übrige Welt richten müßte. Bleibst du von nun an, die du mir versprochen zu seyn, so werd' ich selbst dich bey deinem Manne vertreten.

R o m.

Gasthaus auf dem Spanischen Platze.

Der Fürst. Lauretta.

Fürst.

Laurette! Laurette! Wie entzückend ist deine Liebe! Wie zauberst du Stunden weg, als ob es Minuten wären! Schwindelnd tritt man in deinen Zaubertempel, und schwindelnd zieht man sich wieder zurück!

Lauretta. Ich selbst, mein Lieber, bin nur Wonne, wenn Sie bey mir sind. Auch dann schaffen sich mir Stunden zu Minuten. Gerade umgekehrt, wenn Sie weg sind. Dieser Widerspruch meiner Empfindungen macht mich in manchen Stunden Ihrer Abwesenheit, und auch selbst in einigen Ihrer Gegenwart, trübe.

Fürst. Trübe soll Laura nie seyn. Das schönste der Mädchen kann nur zur Freude geboren seyn. Heitrer Sinn muß ihr ewig zu Gebote stehen.

Fürst.

Lauretta. Ja, wenn blos ich es wäre, die Glückseligkeit mir bestimmte. Da aber eine andere Person dazu erfodert wird, so gewinnt die Angst Macht, daß ich diese verlieren könnte. Ich merke sehr wohl, daß Abhängigkeit zum Unglück gehört.

Fürst. Auch abhängig kann und soll Laurette nie seyn. Ihr Wink muß Befehl seyn.

Lauretta. Fürst! Sie verstehen mich nicht; oder wollen mich nicht verstehen. Für das erste weiß ich einen Rath, für das letzte muß ich verzweifeln. Abhängig von meiner Leidenschaft, abhängig von Ihrem Daseyn oder nicht Daseyn, abhängig von der unbeschreiblichen Macht, die Sie über mich erhalten, abhängig endlich von der unbegränzten Liebe, die Sie für mich in Wort und Handlung zeigen, muß ich in der schrecklichen Furcht stehen, alles das könnte mir geraubt werden. O Fürst! lassen Sie mich Sie auf Ihr Gewissen, lassen Sie mich Sie als meinen Geliebten ohne Gränzen fragen: Werden Sie immer der seyn?

Fürst. Was für Besorgnisse, Laurette? Die Zukunft muß der Gegenwart, die so schnell verfließt, keine Minute stehlen. Lassen Sie uns die gegenwärtige genießen, nicht verschwenden.

Lau=

Lauretta. Sie könnten die Minute verschwendet heißen, die man zur Gewißheit auf die Zukunft anwendet? Sie könnten es ablehnen, Fürst, mir zu antworten, ob Sie der immer seyn werden, der Sie jezt sind?

Fürst. Ich bin immer aufrichtig, Laura. Ich nenne den verwegen, der von sich selbst sagen will: So werde ich seyn; so werde ich bleiben! Wir hängen von unserm Aeußern, von unserm Innern, vom Zufall außer uns ab. Wer sich über alles das wegsetzen zu können glaubt, der denkt nicht zu halten, was er verspricht. Ich habe Ihnen gesagt, ich liebe Sie, ich glaube es Ihnen auch gezeigt zu haben. Sie haben mich auch so schön dafür belohnt, daß diese Belohnung nie veralten, ewig mir neu seyn wird. Das Andenken an diese glücklichen Tage, an diese glücklichern Nächte wird mir wohl thun, selbst wenn einst Schwachheiten der Maschine mich niederdrücken. Aber, Laurette, wir alle beide können nicht dafür stehen, daß wir uns das immer seyn werden, was wir uns jezt sind.

Lauretta. Schon wieder eine betrogne Hoffnung! O ich arme Seele! Wenn wird denn einmal der Augenblick für mich erscheinen, wo ich werde sagen können: Dieser täuschte mich nicht!

Fürst.

Fürst. Bestes Mädchen! So wie Sie das auslegen, werden Sie es nie erhalten. Solche Schwärmereyen müssen Sie höchstens in engern Zirkeln der Menschheit, und bey wenigerer Welterfahrung suchen. Rom und Oerter ihm gleich liefern sie Ihnen nicht.

Lauretta. In der That, Fürst, es ist, als ob Pater Tinto und Sie aus einem Buche mir etwas vorläsen.

Fürst. Nur ein Zeichen, daß Pater Tinto Wort gehalten. Er kennt meine ganze Denkungsart. Er weiß es, daß ich das Vergnügen nehme, wo ich's finde, und daß, wo es mir aufhört, schmackhaft zu seyn, ich es lieber verlasse, als mir Ekel daran erwecke.

Lauretta. Ich glaube aber, man muß auch in Rom geboren seyn, um diese Denkungsart zu goutiren, oder auf eine gewisse Höhe derselben gekommen seyn, um sie sich eigen zu machen. Ich fühle im Ernst einigen Hang dazu in mir. Tinto und Sie haben mich angesteckt. Wenn ich aber deswegen sagte, Fürst, mein Verlust wäre mir angenehm gewesen, so müßte ich Sie belügen. Ich habe mir eine Seligkeit darin gedacht, den Pater Tinto vom Gegentheil überzeugen zu können. Und weil

weil dieß noch nach Eitelkeit klingen könnte — ich habe mir ein Paradies in Ihrer Liebe geträumt, das keinem möglichen Verluste unterworfen wäre. Der Kardinal hatte meine erste ganze Zuneigung, aber noch verstärkt trug ich sie auf Sie über, denn mich hielten bey Ihnen keine Bande, mich ihr ganz zu überlassen. Ich sehe ihren Tod vor Augen. Blüthe der Zärtlichkeit, Ihnen entfaltet, muß welken, o Fürst! das ist bitter! muß vor Ihrem Hauch welken.

Fürst. Muß das? — Nein, Laurette, das ist nicht ausgemacht. Kann das, sagen Sie; muß ist es nicht. Wollte es ein gütiges Gestirn, daß Ihr Einfluß auf mich immer dauerte, ich würde es dafür segnen.

Lauretta. Wollten Sie das, Theurer? Der Strahl von Hoffnung sollte mir billig keinen Trost geben, aber er thut es doch. Ich kann freylich meinem Einflusse nicht gebieten, aber ich will alles, alles aufbieten, was ich kann, um ihn wirksam zu erhalten. Meine Liebe soll in tausendfacher Gestalt sich immer vor dich stellen, und hat sie Macht, da zu wirken, wo ich nicht bin, so soll sie dich begleiten, wohin du nur gehst.
Aber

Aber beſſer, beſſer wär's auf jeden Fall geweſen, meine ſchwankenden Hoffnungen hätten ſich durch Ihr Verſprechen in Gewißheit verwandelt.

Fürſt. Die Ihnen nicht entſtehen wird, Laurette. Behalten Sie Ihre Reize, und Ihre Liebe gegen mich, und die meinige wird bleiben. Jedes Vergnügen, welches ich Ihnen machen kann, ſoll Ihnen zu Theil werden. Ihre Zweifel fachen meine ganze Theilnehmung auf. Kommen Sie, Laurette, Ihre Betrübniß ſoll zertheilt, Ihr Argwohn in nichts verwandelt werden. — Nun, Mädchen, du zauderſt? Willſt du nicht zum Altar der Liebe? Nicht ihre Opfer empfangen? — Solteſt du den Anfang machen wollen, ihrer überdrüßig zu werden? Nein! Dein Feuer war ja unerſchöpflich — dieſe ſchmachtenden Augen ſagten mir ja unaufhörlich: Ich will — dieſer Buſen ſchwillt von Wonnegefühl — dieſe Lippen werden röther — Komm, Mädchen, komm, zögre nicht die Minute hinweg — Seligkeit iſt bald verflogen —

Lauretta. Muß ich nicht folgen? Halten möchte mich's — alles, was du ſagteſt; — aber ſo wie du jezt auf mich blickſt, reißt es mich von

der

der Stelle weg, auf der ich dachte: sollst du nicht lieber früher dich losreißen, ehe er dich verläßt? — O Liebe — Liebe — ganz deinen Namen mit Wonnegefühl genannt — huldige ich dir auf's neue. Schon durchströmst du jede Ader, schon bebst du in jeder Nerve. — O entzückende Göttin! nimm mich ganz — ganz auf!

Gegend bey Rom.

Pansato's Landgut.

Pansato. Tinto.

Pansato.

Sie kennen schon meinen Geschmack, Pater. Vornehme Damen ist meine Sache nicht. Sie sind mir zu fein. Haben mich häßlich gerupft. Meine letzte Geschichte mit der Gräfin Medina hätte mir den Garaus machen können, hätte sie noch ein Jahr gedauert. Die Frau ist noch unersättlicher als der, dem man das Gold in den Hals goß, ich glaub', er hieß Crösus, und war ein gar großer Herr.

Tinto. Ich weiß es recht gut, Illustrissimo, daß Sie so mitgenommen sind, deswegen schlag' ich Ihnen auch keine solche Bekanntschaft vor. Es ist eine Dame, die ich gern zur Venuspriesterin weihen möchte, und Sie erhalten sie aus der ersten Hand.

Pan=

Pansato. Bravo, Herr Pater! das laß ich mir gefallen. Wenn sie ist, wie ich wünsche, so bekömmt sie für achttägige Benutzung zweytausend Zechinen, und Sie, Herr Pater, tausend. Daß ich richtig zahle, wissen Sie, nur muß der Spaß mir gefallen.

Tinto. Dafür hafte ich. Meine unbegränzte Hochachtung für Sie, Signor, hat mir's eingegeben, Sie nicht vorbeyzugehen. Sie werden auch schwerlich noch ein schöneres Mädchen gesehen haben, als die ich Ihnen zuführe.

Pansato. Wenn das ist, so leg' ich noch tausend Zechinen zu. Sehen Sie, Pater, ich bin doch noch kein uralter Mann, meine Figur ist noch ausstehlich, wo nicht artig —

Tinto. Ich weiß gar nicht, Signor, wie Sie so reden können. Halb Rom würde viel darum geben, noch so robust zu seyn, wie Sie sind — aber Ihr Nachsatz —

Pansato. Besteht darin, daß ich, trotz den Ansprüchen, nur noch 200,000 Zechinen zu dergleichen pias causas zurückgelegt habe. Wenn die alle sind, wird's mit mir auch heißen: das Lied ist am Ende.

Tinto. Dafür machen Illustrissimo aber auch sehr lange Pausen mit unter.

Pansato. Wer zu viel genießt, mein lieber Tinto, genießt nichts. Hätt' ich diese Regel nicht beobachtet, ich wäre in der That lange Invalid. Ich dürfte mich keinem blühenden Mädchen mehr nähern, sie würden vor meinem Anblick davon laufen. So, in der That, sieht mir niemand die sechs und funfzig an, und am meisten hat es mich erhalten, daß ich das Landleben gewählt. In Rom waren der Reizungen zu viel. Die Stadt wimmelt von Inamoraten, die einen auf allen Seiten anpacken, und wenn es auf sie ankäme, den letzten Tropfen Mark und den letzten Scudi aussaugten. Das Schicksal meines jungen Vetters und künftigen Erben hat mich dieser Pest entgehen lassen. In der Blüthe seiner Jahre hatten sie ihn in wenigen Wochen so mitgenommen, daß er wie eine Fliege dahin fiel. Seit der Zeit hütete ich mich, und das hat so viel gefruchtet, daß, wenn ich mich nicht für Zuwachs meiner Menschenlänge fürchtete, ich mir noch ein Weibchen zulegte, und selbst Sorge für einen Erben trüge.

Tinto. Kein ganz unebner Einfall, der aber unserm theuern Corpore nicht gefallen würde, welches noch ziemlich stark auf einen Theil Ihrer Erbschaft rechnet.

Pansato. Freylich, Pater, um der Jugend‑
sünden willen kann ich sie nicht ganz übergehen,
muß ihnen wohl etwas vermachen. Sonst bin
ich eben kein Freund von euch Herren, als in so
fern ihr zu Finten zu brauchen seyd, die kein Teu‑
fel sich sonst auszuführen getraut. Wenn soll ich
denn nach Rom kommen?

Tinto. In einigen Tagen, wenn es gefällig
wäre. Ich werde dann schon weitere Nachricht
geben.

Pansato. Gut, gut; und hier nehmen Sie
für Ihren Weg diesen Ring.

(Tinto ab.)

Die Herren sind immer nicht zu verachten.
Haben Nasen wie die Spürhunde, und treiben
immer das beste Wild auf. Freilich machen Sie
sich das Kredenzen gewöhnlich zur Bedingung, und
das muß man sich auch gefallen lassen. Sie sind
Menschen, und das nitimur in vetitum ist bey ih‑
nen am rechten Platze.

Rom.

Laurettens Wohnung.

Tinto. Lauretta.

Tinto.

In vollen acht Tagen sich nicht sehen zu laßen, das ist hart. Ich hätte Lust, ihm einen Besuch zu machen, und darüber ihn zur Rede zu stellen.

Lauretta. Laßen Sie das, Vater. Sie haben mir's ja gesagt, und er selbst hat mir's ja gesagt, wie sehr Veränderlichkeit ihm anhängt. Was hälfe mir's, wenn er ohne Liebe zurückkehrte. Traurig bin ich gewesen, als er anfing kalt zu werden. Aber ein wenig hab' ich mich schon gefaßt. Seitdem ich des Vergnügens Freundin geworden, hab' ich auch einsehen lernen, daß es von mir mit abhängt.

Tinto. Wie unerwartet sind mir diese Gesinnungen! Ich hoffte sie bey Ihnen, aber nicht
so

so schnell. Wohl Ihnen, daß Sie so vernünftig, so aufgeklärt denken lernten! Wohl Ihnen, daß Sie endlich Vorurtheile überwunden, und sich zum Ziel Ihrer Bestimmung bequemt haben! Die Natur hat an Ihnen ein Meisterstück geliefert. Sie wollte, daß dieses Meisterstück nicht ungenutzt bleiben, daß viele es kennen, sich daran erfreuen, es genießen sollten. Alles, was das Schicksal that, und was Ihnen zuwider gehandelt schien, geschah zu Ihrem Besten, geschah deswegen, damit Sie diesen Zweck, zu welchem Sie hier sind, nicht länger verabsäumen sollten. Sie fangen an, Laurette, Ihres Daseyns Werth zu erkennen, und wem kann das eine größere Freude seyn, als dem, der Vaterstelle bey Ihnen vertritt?

Lauretta. Sie wiederholen hier das was Sie mir so oft geprediget haben, wieder so unbefangen, daß ich es Ihnen glauben muß. Nur wünsche ich, daß Trugschlüsse nicht meine Hofnungen zernichtet, und ich es nicht einst bereuen möchte, so gehandelt zu haben. Fest entschlossen bin ich, Ihnen zu folgen. Ich fühle, man kann sich das Leben zu einem Himmel machen, und ich werde es thun. Ich fühle, man schafft sich seine seligen Freuden selbst aus sich, und ich will mir ihrer so viel machen, als mich mein innerer Reiz dazu auffordert.

Tinto.

Tinto. Nur laſſen Sie mich Sie auf dem Wege leiten, den Sie zu gehen ſo rühmlichſt ſich vorgenommen. Er will mit beſondrer Vorſicht betreten ſeyn. Die Subjekte Ihrer Befriedigung, Laurette, müſſen gewählt werden. Es wäre auch Ihren Vorzügen unanſtändig, wenn Sie ſich je merken ließen, Sie verkauften Ihre Gunſt.

Lauretta. Eben dieſes Verkaufen iſt's, was bey der ganzen Sache mich noch empört. O Tinto, warum bin ich nicht reich, um dieſer Erniedrigung mich entziehen zu können, um ohne Eigennuß mein und Andrer Vergnügen zu befördern? Sie glauben nicht, wie das meinem Herzen ſo weh thut, und doch fange ich an einzuſehen, daß ich Ihnen beſchwerlich werde. Mein Aufwand iſt groß, und muß Ihre Kräfte überſteigen.

Tinto. Was thäte ich nicht einer ſolchen Tochter zu Liebe! Aber ich will auch Sie von jedem Unangenehmen befreyen, was Ihre Delikateſſe Ihrem Vergnügen in den Weg ſtellen könnte. Geſchenke ſchlagen Sie aus, Geld aber nehmen Sie nie an. Ich will derjenige ſeyn, der Ihre ökonomiſche Lage beſorgt. Ich will Sie den Herren in ein Licht ſtellen, in dem ſie noch nie eine Tochter der Freude geſehen haben ſollen. Ich will

Sie

Sie vor allen Klippen sichern, die für Sie gefährlich werden könnten. Sie nehmen nur auf, die ich Ihnen zuführe. Ohne meinen Kanal gelangt keiner zu Ihnen, und die diesen Weg gehen, müssen mich dafür belohnen, daß ich Ihnen Eintritt verschaffe, und nicht einmal glauben, daß das für Sie angewandt ist.

Lauretta. Wie soll ich Ihnen meine Beruhigung verdanken? Ohne Sie müßte ich mich den unbeschreiblichen Gefahren einer Lebensart überlassen, die ich in meinem Leben nicht zu wählen geglaubt hatte, und aus Armuth wählen müssen.

Tinto. Sehen Sie, Laurette, wem der Himmel das verlieh, was er Ihnen gab, der ist nicht arm. Aber zum Werk. Wir fahren jetzt auf's Land, um unsern ersten Fischfang zu thun. Ich will sehen, wie Ihnen meine Wahl und meine Geschicklichkeit gefällt. Aber ich will auch dann eine Erkenntlichkeit mir von Ihnen erbitten, die Sie mir hoffentlich nicht abschlagen werden.

Gegend bey Rom.

Pansato's Landgut.

Lauretta, Tinto, (in Reisekleidern.) Hernach
Pansato.

Lauretta.

Es ist recht gut, Tinto, daß wir wieder nach Rom kommen. Mir ist's hier zu einsam, und Pansato's Gesellschaft wird mir zu langweilig. Er hat den besten Willen, mich zu unterhalten, auch hat er für seine Jahre noch Feuer und Geist. Aber ich bin's immer mehr überzeugt, zu meiner Lebensart gehört Abwechselung.

Tinto. Das weiß ich sehr gut, auch wundert mich's, daß Sie es so lange ausgehalten, und ich habe mich über diesen heroischen Entschluß gefreut. Indessen lassen Sie auch bey unsrer Abreise dem Wirthe nicht merken, daß Sie gern weggehen. Man kann nicht wissen, wo man ihn wieder braucht. Bedenken Sie, daß wir ohne die Pretiosen baare zehntausend Zechinen haben. Dieser Fang soll

Ihre Einrichtung in Rom bestreiten, die so prächtig seyn muß, daß Sie im Stande sind, Fürstinnen den Rang abzulaufen. Es wäre doch schön, wenn Lauretta Pisana der Gräfin Medina ein Dorn im Auge werden könnte, und der Fürst, der Sie immer noch liebt, aber für sein veränderliches Temperament nichts kann, hat dafür gesorgt, daß Sie, ohne einen Anstand zu haben, leben können. Sein Schutz verschafft Ihnen völlige Sicherheit. Ein einziges nur kann ich nicht zu Ihrer gänzlichen Befriedigung versprechen.

Lauretta. Und welches wäre das?

Tinto. Daß immer nur Schönheiten Ihrem Altare opfern; daß nicht manchmal Klugheit und Politik Sie zwingen werden, auch einem minder Schönen Zutritt zum Heiligthume der Liebe zu lassen.

Lauretta. Dafür lassen Sie mich sorgen. Glauben Sie nicht, daß ich Kopf genug haben werde, die mir zuwider sind so abzuweisen, daß sie nicht einmal darüber zürnen sollen. Wer den Pater Tinto belohnt, belohnt ihn nur für den Zutritt zu mir. Da ich nur durch Liebe belohnt werde, so sind meine Ansprüche gerecht, und der häßliche Mann hat keine an mir.

Tinto.

Tinto. (für sich.) O weh! mein Projekt scheitert! (laut) Nur vorsichtig, Laura — Aber da ist unser freundlicher Wirth.

Pansato (tritt ein.)

Pansato. Schon reisefertig? Wie sehr bedaure ich's, daß mein Aufenthalt nicht fähig ist, Ihnen längre Unterhaltung zu verschaffen. Aber, Laurette, Sie sind die Königin meiner Besitzungen. Sie haben in diese Einsamkeit so viel Leben gebracht, daß alles sich hob, und erneuert blühete. Sie werden dieses Leben wieder mit sich nehmen, und Alles wird welken. Sollten Sie einmal an die nun unglückliche Gegend denken, so schenken Sie ihr wieder einige Tage, damit sie nicht ganz abstirbt.

Lauretta. Sie sind zu galant, gnäd'ger Herr. Güte mißbrauchen, macht uns ihrer unwerth. Ihre Aufnahme war so blendend, daß alle Klugheit erfordert wurde, mir die Mäßigung zu verschaffen, die der Geist beybehalten muß. Ihnen überdrüssig zu werden, wäre ein trauriges Loos, und Laurette will lieber dem überschwenglichen Vergnügen Einhalt thun, als Ihre Achtung ver-
scher-

scherzen. Besuchen Sie mich in Rom, und ich will suchen einen Theil der Ehre zu erwiedern, die Sie mir erzeigten, denn ganz kann ich es nicht.

Pansato. Die Erlaubniß entzückt mich. Ich werde nicht ermangeln, zu erscheinen. Freylich werd' ich nur ein Schatten unter Ihren Anbetern seyn, aber auch nur Schatten bey Ihnen zu seyn, ist schon Fülle von Wonne.

(Er führt sie ab, Tinto folgt ihnen.)

Ende des ersten Theils.

www.ingramcontent.com/pod-product-compliance
Lightning Source LLC
Chambersburg PA
CBHW031249250426
43672CB00029BA/1387